EL DIARIO DE VISITAS

UNIVERSITARIAS

DESMITIFICANDO LAS VISITAS UNIVERSITARIAS

PARA MÁS INFORMACIÓN CONTÁCTESE CON:
HELLO@THECOLLEGEVISITJOURNAL.COM

PRIMERA EDICIÓN DE BOLSILLO, JULIO 2019

CONCEPTUALIZADO Y DISEÑADO EN ATLANTA
ILUSTRACIONES Y FUENTES LISTADAS EN NUESTRA PÁGINA WEB

TRADUCCIÓN EN ESPAÑOL POR CARBÓ TRANSLATIONS:
CARBOTRANSLATIONS@GMAIL.COM

ISBN 978-0-578-83210-4 (EDICIÓN DE BOLSILLO)

SELLO EDITORIAL: MDM PUBLISHING

WWW.THECOLLEGEVISITJOURNAL.COM

ESTÉ DIARIO PERTENECE A:

COMIENZA AQUÍ...

El momento de aplicar a la universidad es emocionante. ¡Estás comenzando a planificar tu futuro! Pero también puede ser un proceso tedioso, con o sin un guía. Este diario fue creado para ayudarte a navegar una parte específica del proceso: las visitas a los campus universitarios.

Creé este diario específicamente para que TU lo utilices mientras visitas varios campus universitarios. Ya sean visitas en persona o virtuales. Este diario te ayudará a organizar la información, tus pensamientos, y ademas te pedirá que reflexiones bien acerca de cómo te gustaría pasar los próximo cuatro (¡sí, cuatro!) años de tu vida.

Elegir una universidad no es una decisión pequeña, así que tómalo en serio.

En este diario, encontrarás suficiente espacio para evaluar 8 campus universitarios con bastante páginas para tus apuntes. Antes de comenzar, hojea la sección completa para la primera visita universitaria para tener una idea del formato. Además, asegúrate de revisar las páginas de recursos al final del diario. Ahí encontrarás:

- Recursos para becas
- Páginas web de clasificaciones de universidades
- Muestras de escritura a utilizar para comunicarse con personal universitario
- Términos clave
- Recursos de ayuda financiera

¡Estoy ansiosas por escuchar sobre todas las grandes cosas que lograrás!

Mantente en contacto,

Danielle

@ @TheCollegeVisitJournal

MIL GRACIAS

No hubiera podido lograr completar este libro sin el apoyo de mi familia, amigos y esposo, y los más de 15 años de experiencia en admisión universitaria de mi esposo.

ÍNDICE

UN RECORDATORIO AMIGABLE:

1. Haz preguntas
2. Sé curioso(a)
3. ¡Lo lograrás!

MI PERFIL ACADÉMICO

Esta sección es sobre ti y tu experiencia académica.

Lo completarás sólo una vez en este libro, pero te recomiendo que lo actualices a medida que cambie tu horario de clases, tus notas y tus puntajes de exámenes.

Será una referencia útil cuando te reúnas con consejeros universitarios o consejeros académicos, los cuales te ayudaran a escoger las clases a tomar.

Mi escuela secundaria:

____

El director escolar:

____

Mi consejero escolar (nombre + datos de contacto):

____

PERFIL ACADÉMICO	
GPA:	
SAT:	
ACT:	
Posición (ranking) en la clase:	
# de clases AP que tomé:	
# de clases de honores que tomé:	
Créditos Universitarios acumulados: (si aplica)	

Mi horario escolar actual:

¡LLEGAMOS!

VISITA UNIVERSITARIA #1

Completa los detalles acerca de esta universidad
utilizando la página web o folleto de información de la
universidad, o pregúntale a un consejero de admisión.

La siguiente página contiene datos básicos sobre la
universidad. Completa los espacios correspondientes y
marca las palabras que mejor describan el instituto o
universidad.

Completarás esta página para cada visita universitaria.

NOMBRE DE INSTITUTO/UNIVERSIDAD:

UBICACIÓN + LA CIUDAD GRANDE MÁS CERCANA:

AEROPUERTO MÁS CERCANO + ¿A CUANTAS MILLAS DE CASA?:

TIPO DE CAMPUS: *Marca una opción*

Rural | Suburbano | Urbano

CUENTAS EN REDES SOCIALES:

MASCOTA + COLORES DE LA ESCUELA:

POBLACIÓN ESTUDIANTIL:

MI ESPECIALIZACIÓN DESEADA/ AREA DE INTERÉS:

TIPO DE INSTITUCIÓN: *Marca una opción*

Pública | Privada

CATEGORÍA: *Marca con un círculo, si corresponde*

Universidad o Instituto Históricamente Negro (HBCU)

Universidad de Hombres | Universidad Tribal | 2-años

Universidad de Mujeres | Militar | Afiliación religiosa

Institución de Servicio a Hispanos (HSI)

CALENDARIO ACADÉMICO: *Marca una opción*

Semestre | Tercio | Trimestre

SESIÓN INFORMATIVA

Esta sección es útil para cuando asistas a la sesión de información.

Probablemente aprenderás sobre:

- Los requisitos de admisión, incluyendo puntajes de exámenes y plazos importantes

- Información específica del campus, como historia, actividades en el campus y servicios de apoyo estudiantil

- Opciones de ayuda financiera y costos asociados con asistir a la universidad

Esta sesión puede ocurrir antes o después del recorrido por el campus.

<table>
<tr><td colspan="2" align="center">PROMEDIOS + TASAS</td></tr>
<tr><td>GPA</td><td></td></tr>
<tr><td>SAT</td><td></td></tr>
<tr><td>ACT</td><td></td></tr>
<tr><td>Promedio de alumnos por clase</td><td></td></tr>
<tr><td>Tasa de aceptación:
*cuántos solicitantes fueron admitidos</td><td></td></tr>
<tr><td>Tasa de retención:
*la cantidad de estudiantes de primer año que regresaron en el segundo año</td><td></td></tr>
<tr><td>Tasa de graduación:
*cuántos estudiantes se gradúan en 6 años</td><td></td></tr>
<tr><td>Tasa de inserción laboral</td><td></td></tr>
</table>

NOTAS + OTROS REQUISITOS

<table>
<tr><td colspan="2" align="center">PLAZOS IMPORTANTES + COSAS QUE DEBO SABER</td></tr>
<tr><td colspan="2">Plazo límite de admisión</td></tr>
<tr><td>¿Admisión continua?</td><td>Sí I No</td></tr>
<tr><td>Admisión normal</td><td></td></tr>
<tr><td>Acción temprana (no vinculante)
*Los estudiantes reciben una respuesta temprana a su solicitud.</td><td></td></tr>
<tr><td>Decisión temprana (vinculante)
*Requiere que el estudiante se matricule en la escuela admitida. Por lo general, no puedes retirar la solicitud.</td><td></td></tr>
<tr><td colspan="2">Plazo límite para la solicitud de becas</td></tr>
<tr><td>¿Se requiere solicitud de beca por separado?</td><td>Sí I No</td></tr>
<tr><td>Plazo normal</td><td></td></tr>
<tr><td colspan="2">Plazo para la presentación FAFSA</td></tr>
<tr><td>Plazo de prioridad FAFSA
* FAFSA abre el primero de octubre</td><td></td></tr>
<tr><td>Fecha en que presenté mi FAFSA</td><td></td></tr>
</table>

AYUDA FINANCIERA

Hay varias formas de pagar la universidad. La mayoría de las universidades requieren que la persona completé la Solicitud Gratuita de Ayuda Federal para Estudiantes (FAFSA, por sus siglas en inglés) (studentaid.gov/fafsa), la cuál ayuda a determinar cuánto dinero la familia tiene para pagar la universidad. Para completar el formulario, necesitarás información de ingresos e impuestos de los dos últimos años.

FAFSA abre el primero de octubre y debe completarse anualmente mientras estés inscrito(a) en la universidad.

Algunas universidades también pueden exigir que completes un perfil CSS, el cuál es utilizado sólo por algunas universidades para obtener ayuda estatal e institucional (consulta la sección de recursos para obtener más información).

Miremos los diferentes tipos de ayuda:

> PRÉSTAMOS

Dinero prestado para la universidad; debes pagar el préstamo y el interés.

> BECAS & SUBVENCIONES

Ayuda financiera que no tiene que devolverse (a menos que, por ejemplo, te retires de la Universidad, ahí si debes renunciar el dinero).

> EMPLEO-ESTUDIO

Un programa de trabajo a través del cual ganas dinero para ayudar a pagar la universidad.

(Fuente: https://studentaid.gov)

OTRAS MANERAS DE PAGAR LA UNIVERSIDAD

¡CONSEJO!
Pregúntale a tu consejero de admisión sobre los requisitos para ser un RA (asistente residente)

1. **Reembolso de matrícula** - tu empleador actual puede ayudarte a cubrir una parte o la totalidad de tus gastos de educación.
2. **Trabajo a tiempo parcial** - ej. cuidado de niños, mesero en restaurante local, tutoría en escuela local.
3. **Inscríbete en clases de Colocación Avanzada** (AP, por sus siglas en inglés) en la escuela secundaria y realiza exámenes para evitar tomar algunos cursos universitarios.

Costo de asistencia: $ ________________________________

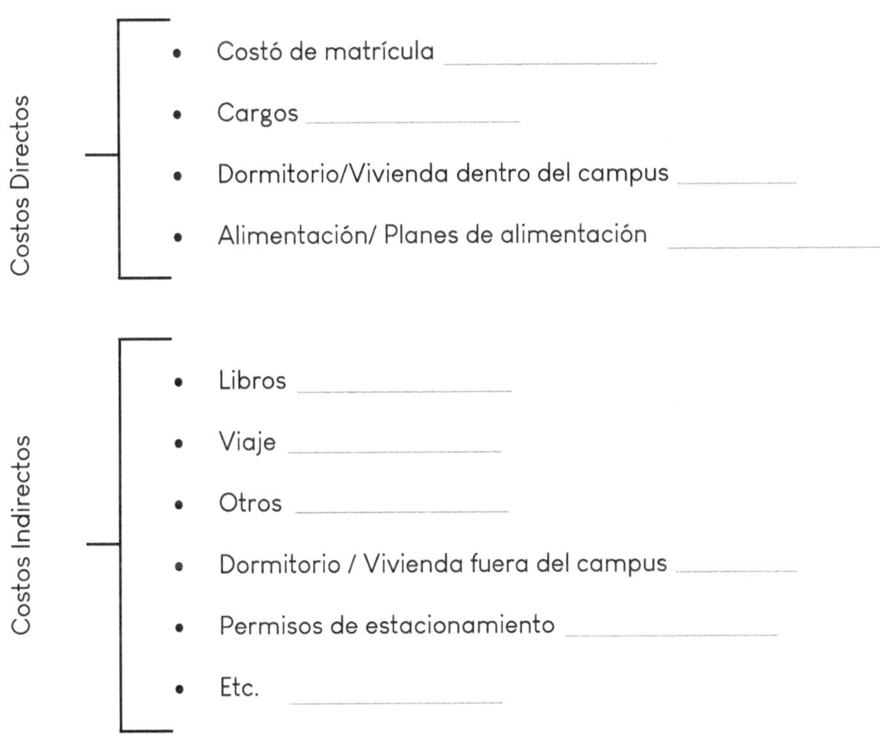

NOTAS

____

____

____

____

EL RECORRIDO + CONTACTOS

Absorbe todo y mantenlo organizado usando los recordatorios y las casillas de selección en las próximas páginas para evaluar tu visita al campus.

Intenta ver lo más posible en todo el campus y en los alrededores y califícalo en una escala de 1 a 5 (5 siendo lo mejor) para tener una buena idea del ambiente.

Además, asegúrate de anotar los nombres de las personas que conoces en el campus y de los compañeros en el recorrido. ¡Nunca subestimes el poder de una nueva conexión!

Si necesitas más espacio para tus notas, ¡recuerda usar las páginas de notas al final de esta sección de visita universitaria!

Visité...

- ☐ Centro estudiantil
- ☐ Comedor
- ☐ Librería
- ☐ Biblioteca
- ☐ Edificio académico
- ☐ Centro/Laboratorio de innovación

- ☐ Aula/sala de clases
- ☐ Centro de recreación/ gimnasio
- ☐ Dormitorios/residencias de estudiantes
- ☐ Centro de ex alumnos
- ☐ Edificio más antiguo
- ☐ Instalaciones deportivas

- ☐ Edificio más nuevo
- ☐ Atracciones locales de la ciudad
- ☐ Centro de salud/clínica
- ☐ Espacios de estudio
- ☐ Centro Profesional
- ☐ El mejor lugar para tomar una selfie

Un poco más sobre...

> Dormitorios/residencias de estudiantes

- ☐ Suite / individual / compartida
- ☐ Mixto / únicamente hombres / únicamente mujeres
- ☐ Requerimiento para vivir en campus: Sí / No
- ☐ Requisitos para visitas/Toque de queda: Sí / No
- ☐ Cargos de lavandería: Sí / No

> Seguridad

- ☐ Tarjeta de acceso
- ☐ Seguridad visible / Lámparas azules
- ☐ Aplicación móvil de seguridad
- ☐ Cursos de autodefensa
- ☐ Estacionamiento & acceso

Ahora, califiquemos... (en una escala de 1 a 5, 5 siendo lo mejor)

- _____ Belleza general del campus
- _____ Sensación de felicidad en general del campus
- _____ Zonas verdes/vegetación
- _____ Planes para el crecimiento futuro del campus
- _____ Áreas accesibles/ Áreas que cumplan con la ley ADA*
- _____ Campus Verde / Iniciativas de reciclaje
- _____ Servicios (Discapacidad, Centro de salud)

- _____ Clima
- _____ Tráfico: peatonal
- _____ Tráfico: vehicular
- _____ Nivel de ruido
- _____ Terreno del campus
- _____ Centro de Tutoría / Matemáticas / Escritura
- _____ Mi(s) guía(s) de recorrido

*La Ley sobre Estadounidenses con discapacidades (ADA, por sus siglas en inglés) garantiza el acceso al entorno construido para personas con discapacidades. Para más información dirígete a la sección de recursos.

ESPERA...

Tomate 30-60 segundos durante el recorrido para calmar tu mente, utiliza tus cinco sentidos para capturar el espacio a tu alrededor.

¿Qué hueles? ¿Qué escuchas? ¿Qué sientes? Etc.

Si quieres, cierra los ojos para enfocarte mejor.

Yo te espero.

Mi(s) guía(s) de recorrido:

Nombre ______________________   Nombre ______________________

✉ Correo electrónico   ✉ Correo electrónico

@ Cuentas en redes sociales   @ Cuentas en redes sociales

🎓 Se graduó en (año) __________   🎓 Se graduó en (año) __________

◎ Ciudad natal ________________   ◎ Ciudad natal ________________

🏫 Especialización universitaria   🏫 Especialización universitaria

Mi consejero(a) de admisión:

👤 Nombre ____________________

✉ Correo electrónico

Contacto de ayuda financiera:

👤 Nombre ____________________

✉ Correo electrónico

Los estudiantes que conocí + quiero conocer mejor:

Nombre ______________________   Nombre ______________________

@ ___________________________   @ ___________________________

¿Recibiste tarjetas de presentación? Utiliza una grapadora o clip para salvarlas aquí:

LA EVALUACIÓN

Los indicadores en la siguiente página miden tu compromiso.

Dibuja una fiecha para expresar cómo te sientes (tu nivel de satisfacción), vacío o lleno, con respecto a cada categoría durante la sesión de información y el recorrido por el campus.

Por ejemplo, durante los momentos agradables o de entusiasmo y concentración intensa, puedes sentirte más comprometido, totalmente presente en el momento o lleno.

Se proporcionan tres categorías para ti, pero utiliza las dos en blanco para crear tus propias medidas de satisfacción.

Aquí hay un ejemplo:

Luego, utiliza el espacio de notas para refiexionar sobre tus sentimientos en cada categoría.

COMPROMETIDO(A)

ENTREGA DE
INFORMACIÓN

INSTALACIONES/
ESPACIO

NOTAS

HABLEMOS SOBRE LA GENTE

Usa el espacio en la siguiente página para reflexionar sobre las personas que ves y que conoces en el campus durante tu recorrido.

Toma notas sobre tus pensamientos.

Me impresionó:

Me preocupa:

Me gustaría tener más tiempo para hablar con:
¡Utiliza las muestras de escritura en la sección de recursos como una sugerencia!

Me gustaría aprender más sobre:
(Especialidades, pasantías, oportunidades de trabajo y estudio, excursiones nocturnas, etc.)

Profesores que conocí:

Administradores que conocí:

En general, los estudiantes en el campus parecen estar:

Alumnos destacados/famosos:

____

____

Exalumnos que conozco (familia, amigos, ex compañeros de clase, etc.):

____

____

Hoy aprendí:

____

____

⚡

RETO: ¡SALTE DE TU ZONA DE COMODIDAD!

"Rompe el hielo" con las personas que conoces haciendo preguntas como estas. ¡Usa las páginas de notas para anotar tus respuestas!

> ¿Cuál fue tu mayor desafío en la escuela? Podría estar relacionado con lo académico, social, extracurricular, carrera, etc.

> Si pudieras estudiar en el extranjero en cualquier parte del mundo, ¿a dónde irías?

> Si pudieras intercambiar lugares con cualquier persona por una semana, ¿con quién lo harías?

> ¿Qué es lo que más extrañarás de la escuela secundaria?

> ¿Qué es lo que más te emociona de la universidad?

> ¿Cómo defines la integridad?

> ¿Cuál es tu mayor logro?

> Si el tiempo y el dinero no fueran un obstáculo, ¿qué tipo de negocio tendrías?

APUESTA POR TI MISMO(A) Y EMPUJATE... MÁS ALLÁ

- MAVERICK CARTER, EMPRENDEDOR EMPRESARIAL

ORADOR DE CEREMONIA DE GRADUACIÓN - 2019
UNIVERSIDAD DEL SUR DE CALIFORNIA
ANNENBERG SCHOOL PARA LA COMUNICACIÓN Y PERIODISMO

REFLEXIÓN PERSONAL

Completa esta sección DESPUÉS de tu visita al campus.

Ten en cuenta tus características, personalidad, talentos, requisitos indispensables y objetivos al completar las preguntas y las escalas en la página siguiente en lo que se refiere a esta visita universitaria.

Nombre de universidad:

¿Por qué estoy considerando esta universidad?

¿Qué ofrece esta universidad que realmente me interesa (académico y extracurricular)?

¿Cómo describirías la diversidad del campus?

Conociendo mis requisitos indispensables y deseables, ¿Cómo se compara esta universidad?

. . . .

Usando la escala a continuación, indica tu nivel de acuerdo para cada categoría de "encaje".

Esta universidad encaja de manera realista...	Desacuerdo Total	Desacuerdo	Ni acuerdo ni desacuerdo	Acuerdo	Acuerdo Total
En lo académico:	◯	◯	◯	◯	◯
En cuanto a la diversidad:	◯	◯	◯	◯	◯
En lo social:	◯	◯	◯	◯	◯
En lo financiero:	◯	◯	◯	◯	◯
En lo atlético:	◯	◯	◯	◯	◯
En lo general:	◯	◯	◯	◯	◯

. . . .

Próximos pasos para esta universidad:

- ☐ Comenzar aplicación
- ☐ Finalizar aplicación
- ☐ Mandar nota de agradecimiento
- ☐ Pedir más información
- ☐ Presentar solicitud FAFSA
- ☐ Enviar calificaciones de mitad de año
- ☐ Entrevistar a exalumnos
- ☐ Pagar depósito
- ☐ Pagar tarifa de aplicación
- ☐ Otros:

ESTADO & PROGRESO

Usa los 'círculos de estado' para evaluar tu progreso hacia cada entregable para tu aplicación a esta universidad. Una vez que completes un producto a entregar, escribe la fecha de finalización en el círculo "100%".

Nombre de universidad _______________________________

APLICACIÓN ○ ○ ○ ○ ○ ○ ○ ○ ○ ○ ○
10%　　　　　50%　　　　　100%　N/A

ENSAYO ○ ○ ○ ○ ○ ○ ○ ○ ○ ○ ○
10%　　　　　50%　　　　　100%　N/A

ENTREGA DE CALIFICACIÓN DE EXÁMEN ○ ○ ○ ○ ○ ○ ○ ○ ○ ○ ○
10%　　　　　50%　　　　　100%　N/A

RECOMENDACIONES DE MAESTROS ○ ○ ○ ○ ○ ○ ○ ○ ○ ○ ○
10%　　　　　50%　　　　　100%　N/A

RECOMENDACIONES DE CONSEJEROS ○ ○ ○ ○ ○ ○ ○ ○ ○ ○ ○
10%　　　　　50%　　　　　100%　N/A

PÁGINA DE SUPLEMENTO/ EXPRESIÓN DE INTERÉS ○ ○ ○ ○ ○ ○ ○ ○ ○ ○ ○
10%　　　　　50%　　　　　100%　N/A

SOLICITUD FAFSA ○ ○ ○ ○ ○ ○ ○ ○ ○ ○ ○
10%　　　　　50%　　　　　100%　N/A

SOLICITUD DE BECA #1 ○ ○ ○ ○ ○ ○ ○ ○ ○ ○ ○
10%　　　　　50%　　　　　100%　N/A

SOLICITUD DE BECA #2 ○ ○ ○ ○ ○ ○ ○ ○ ○ ○ ○
10%　　　　　50%　　　　　100%　N/A

_______________ ○ ○ ○ ○ ○ ○ ○ ○ ○ ○ ○
10%　　　　　50%　　　　　100%　N/A

GRANDES IDEAS & PENSAMIENTOS DESORDENADOS

Estas son páginas de apuntes. Úsalas como quieras: para notas, listas de tareas, diseñar, dibujar o programar quehaceres. Deja que te guíe la imaginación.

De curiosidad...

¿Cómo te describiría tu mejor amigo(a)? ¡Incluye tus fortalezas!

NOTAS

NOTAS

¡LO LOGRARÁS!

VISITA UNIVERSITARIA #2

Completa los detalles acerca de esta universidad utilizando la página web o folleto de información de la universidad, o pregúntale a un consejero de admisión.

La siguiente página contiene datos básicos sobre la universidad. Completa los espacios correspondientes y marca las palabras que mejor describan el instituto o universidad.

Completarás esta página para cada visita universitaria.

NOMBRE DE INSTITUTO/UNIVERSIDAD:

UBICACIÓN + LA CIUDAD GRANDE MÁS CERCANA:

AEROPUERTO MÁS CERCANO + ¿A CUANTAS MILLAS DE CASA?:

TIPO DE CAMPUS: *Marca una opción*

Rural | Suburbano | Urbano

CUENTAS EN REDES SOCIALES:

MASCOTA + COLORES DE LA ESCUELA:

POBLACIÓN ESTUDIANTIL:

MI ESPECIALIZACIÓN DESEADA/ AREA DE INTERÉS:

TIPO DE INSTITUCIÓN: *Marca una opción*

Pública | Privada

CATEGORÍA: *Marca con un círculo, si corresponde*

Universidad o Instituto Históricamente Negro (HBCU)

Universidad de Hombres | Universidad Tribal | 2-años

Universidad de Mujeres | Militar | Afiliación religiosa

Institución de Servicio a Hispanos (HSI)

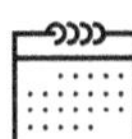

CALENDARIO ACADÉMICO: *Marca una opción*

Semestre | Tercio | Trimestre

SESIÓN INFORMATIVA

Esta sección es útil para cuando asistas a la sesión de información.

Probablemente aprenderás sobre:

- Los requisitos de admisión, incluyendo puntajes de exámenes y plazos importantes

- Información específica del campus, como historia, actividades en el campus y servicios de apoyo estudiantil

- Opciones de ayuda financiera y costos asociados con asistir a la universidad

Esta sesión puede ocurrir antes o después del recorrido por el campus.

<table>
<tr><td colspan="2" align="center">PROMEDIOS + TASAS</td></tr>
<tr><td>GPA</td><td></td></tr>
<tr><td>SAT</td><td></td></tr>
<tr><td>ACT</td><td></td></tr>
<tr><td>Promedio de alumnos por clase</td><td></td></tr>
<tr><td>Tasa de aceptación:
*cuántos solicitantes fueron admitidos</td><td></td></tr>
<tr><td>Tasa de retención:
*la cantidad de estudiantes de primer año que regresaron en el segundo año</td><td></td></tr>
<tr><td>Tasa de graduación:
*cuántos estudiantes se gradúan en 6 años</td><td></td></tr>
<tr><td>Tasa de inserción laboral</td><td></td></tr>
</table>

<table>
<tr><td colspan="2" align="center">PLAZOS IMPORTANTES + COSAS QUE DEBO SABER</td></tr>
<tr><td colspan="2">Plazo límite de admisión</td></tr>
<tr><td>¿Admisión continua?</td><td>Sí | No</td></tr>
<tr><td>Admisión normal</td><td></td></tr>
<tr><td>Acción temprana (no vinculante)
*Los estudiantes reciben una respuesta temprana a su solicitud.</td><td></td></tr>
<tr><td>Decisión temprana (vinculante)
*Requiere que el estudiante se matricule en la escuela admitida. Por lo general, no puedes retirar la solicitud.</td><td></td></tr>
<tr><td colspan="2">Plazo límite para la solicitud de becas</td></tr>
<tr><td>¿Se requiere solicitud de beca por separado?</td><td>Sí | No</td></tr>
<tr><td>Plazo normal</td><td></td></tr>
<tr><td colspan="2">Plazo para la presentación FAFSA</td></tr>
<tr><td>Plazo de prioridad FAFSA
* FAFSA abre el primero de octubre</td><td></td></tr>
<tr><td>Fecha en que presenté mi FAFSA</td><td></td></tr>
</table>

NOTAS + OTROS REQUISITOS

AYUDA FINANCIERA

Hay varias formas de pagar la universidad. La mayoría de las universidades requieren que la persona completé la Solicitud Gratuita de Ayuda Federal para Estudiantes (FAFSA, por sus siglas en inglés) (studentaid.gov/fafsa), la cuál ayuda a determinar cuánto dinero la familia tiene para pagar la universidad. Para completar el formulario, necesitarás información de ingresos e impuestos de los dos últimos años.

FAFSA abre el primero de octubre y debe completarse anualmente mientras estés inscrito(a) en la universidad.

Algunas universidades también pueden exigir que completes un perfil CSS, el cuál es utilizado sólo por algunas universidades para obtener ayuda estatal e institucional (consulta la sección de recursos para obtener más información).

Miremos los diferentes tipos de ayuda:

> PRÉSTAMOS

Dinero prestado para la universidad; debes pagar el préstamo y el interés.

> BECAS & SUBVENCIONES

Ayuda financiera que no tiene que devolverse (a menos que, por ejemplo, te retires de la Universidad, ahí si debes renunciar el dinero).

> EMPLEO-ESTUDIO

Un programa de trabajo a través del cual ganas dinero para ayudar a pagar la universidad.

(Fuente: https://studentaid.gov)

OTRAS MANERAS DE PAGAR LA UNIVERSIDAD

¡CONSEJO!
Pregúntale a tu consejero de admisión sobre los requisitos para ser un RA (asistente residente)

1. **Reembolso de matrícula** - tu empleador actual puede ayudarte a cubrir una parte o la totalidad de tus gastos de educación.
2. **Trabajo a tiempo parcial** - ej. cuidado de niños, mesero en restaurante local, tutoría en escuela local.
3. **Inscríbete en clases de Colocación Avanzada** (AP, por sus siglas en inglés) en la escuela secundaria y realiza exámenes para evitar tomar algunos cursos universitarios.

GASTOS

Costo de asistencia: $ ________________________________

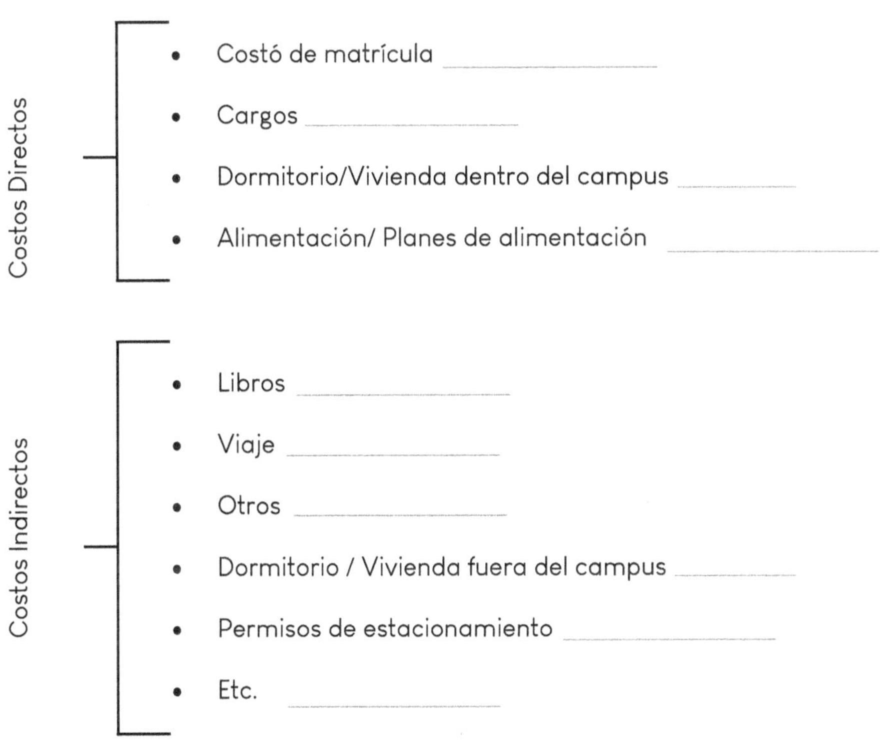

NOTAS

____

____

____

____

EL RECORRIDO + CONTACTOS

Absorbe todo y mantenlo organizado usando los recordatorios y las casillas de selección en las próximas páginas para evaluar tu visita al campus.

Intenta ver lo más posible en todo el campus y en los alrededores y califícalo en una escala de 1 a 5 (5 siendo lo mejor) para tener una buena idea del ambiente.

Además, asegúrate de anotar los nombres de las personas que conoces en el campus y de los compañeros en el recorrido. ¡Nunca subestimes el poder de una nueva conexión!

Si necesitas más espacio para tus notas, ¡recuerda usar las páginas de notas al final de esta sección de visita universitaria!

Visité...

- ☐ Centro estudiantil
- ☐ Comedor
- ☐ Librería
- ☐ Biblioteca
- ☐ Edificio académico
- ☐ Centro/Laboratorio de innovación
- ☐ Aula/sala de clases
- ☐ Centro de recreación/ gimnasio
- ☐ Dormitorios/residencias de estudiantes
- ☐ Centro de ex alumnos
- ☐ Edificio más antiguo
- ☐ Instalaciones deportivas
- ☐ Edificio más nuevo
- ☐ Atracciones locales de la ciudad
- ☐ Centro de salud/clínica
- ☐ Espacios de estudio
- ☐ Centro Profesional
- ☐ El mejor lugar para tomar una selfie

Un poco más sobre...

> **Dormitorios/residencias de estudiantes**

- ☐ Suite / individual / compartida
- ☐ Mixto / únicamente hombres / únicamente mujeres
- ☐ Requerimiento para vivir en campus: Sí / No
- ☐ Requisitos para visitas/Toque de queda: Sí / No
- ☐ Cargos de lavandería: Sí / No

> **Seguridad**

- ☐ Tarjeta de acceso
- ☐ Seguridad visible / Lámparas azules
- ☐ Aplicación móvil de seguridad
- ☐ Cursos de autodefensa
- ☐ Estacionamiento & acceso

Ahora, califiquemos... (en una escala de 1 a 5, 5 siendo lo mejor)

- _____ Belleza general del campus
- _____ Sensación de felicidad en general del campus
- _____ Zonas verdes/vegetación
- _____ Planes para el crecimiento futuro del campus
- _____ Áreas accesibles/ Áreas que cumplan con la ley ADA*
- _____ Campus Verde / Iniciativas de reciclaje
- _____ Servicios (Discapacidad, Centro de salud)

- _____ Clima
- _____ Tráfico: peatonal
- _____ Tráfico: vehicular
- _____ Nivel de ruido
- _____ Terreno del campus
- _____ Centro de Tutoría / Matemáticas / Escritura
- _____ Mi(s) guía(s) de recorrido

*La Ley sobre Estadounidenses con discapacidades (ADA, por sus siglas en inglés) garantiza el acceso al entorno construido para personas con discapacidades. Para más información dirígete a la sección de recursos.

ESPERA...

Tomate 30-60 segundos durante el recorrido para calmar tu mente, utiliza tus cinco sentidos para capturar el espacio a tu alrededor.

¿Qué hueles? ¿Qué escuchas? ¿Qué sientes? Etc.

Si quieres, cierra los ojos para enfocarte mejor.

Yo te espero.

Mi(s) guía(s) de recorrido:

Nombre ___________________   Nombre ___________________

⊠ Correo electrónico   ⊠ Correo electrónico

___________________   ___________________

@ Cuentas en redes sociales   @ Cuentas en redes sociales

___________________   ___________________

🎓 Se graduó en (año) ______   🎓 Se graduó en (año) ______

◉ Ciudad natal ____________   ◉ Ciudad natal ____________

🍎 Especialización universitaria   🍎 Especialización universitaria

Mi consejero(a) de admisión:

👤 Nombre __________

⊠ Correo electrónico

Contacto de ayuda financiera:

👤 Nombre __________

⊠ Correo electrónico

Los estudiantes que conocí + quiero conocer mejor:

Nombre __________   Nombre __________

@ __________   @ __________

¿Recibiste tarjetas de presentación? Utiliza una grapadora o clip para salvarlas aquí:

LA EVALUACIÓN

Los indicadores en la siguiente página miden tu compromiso.

Dibuja una fiecha para expresar cómo te sientes (tu nivel de satisfacción), vacío o lleno, con respecto a cada categoría durante la sesión de información y el recorrido por el campus.

Por ejemplo, durante los momentos agradables o de entusiasmo y concentración intensa, puedes sentirte más comprometido, totalmente presente en el momento o lleno.

Se proporcionan tres categorías para ti, pero utiliza las dos en blanco para crear tus propias medidas de satisfacción.

Aquí hay un ejemplo:

Luego, utiliza el espacio de notas para refiexionar sobre tus sentimientos en cada categoría.

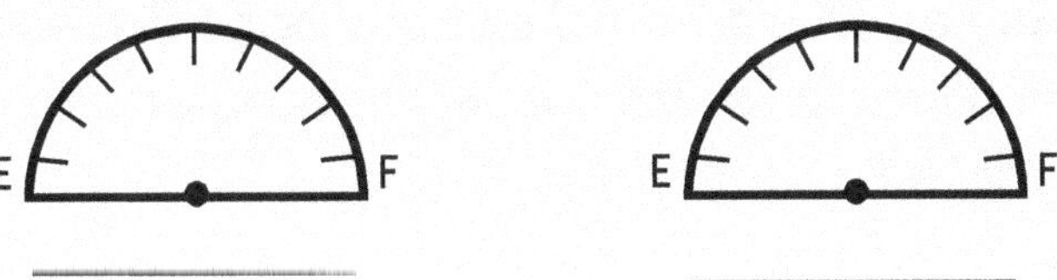

E F
COMPROMETIDO(A)
E F
ENTREGA DE
INFORMACIÓN
E F
INSTALACIONES/
ESPACIO

E F
E F

NOTAS

HABLEMOS SOBRE LA GENTE

Usa el espacio en la siguiente página para refiexionar sobre las personas que ves y que conoces en el campus durante tu recorrido.

Toma notas sobre tus pensamientos.

Me impresionó:

Me preocupa:

Me gustaría tener más tiempo para hablar con:
¡Utiliza las muestras de escritura en la sección de recursos como una sugerencia!

Me gustaría aprender más sobre:
(Especialidades, pasantías, oportunidades de trabajo y estudio, excursiones nocturnas, etc.)

Profesores que conocí:

Administradores que conocí:

En general, los estudiantes en el campus parecen estar:

Alumnos destacados/famosos:

____

____

Exalumnos que conozco (familia, amigos, ex compañeros de clase, etc.):

____

____

Hoy aprendí:

____

____

⚡

RETO: ¡SALTE DE TU ZONA DE COMODIDAD!

"Rompe el hielo" con las personas que conoces haciendo preguntas como estas. ¡Usa las páginas de notas para anotar tus respuestas!

> ¿Cuál fue tu mayor desafío en la escuela? Podría estar relacionado con lo académico, social, extracurricular, carrera, etc.

> Si pudieras estudiar en el extranjero en cualquier parte del mundo, ¿a dónde irías?

> Si pudieras intercambiar lugares con cualquier persona por una semana, ¿con quién lo harías?

> ¿Qué es lo que más extrañarás de la escuela secundaria?

> ¿Qué es lo que más te emociona de la universidad?

> ¿Cómo defines la integridad?

> ¿Cuál es tu mayor logro?

> Si el tiempo y el dinero no fueran un obstáculo, ¿qué tipo de negocio tendrías?

LA INNOVACIÓN Y LA CREATIVIDAD NO EXISTEN SIN FRACASOS.

PUNTO.

- DR. BRENÉ BROWN
AUTORA + PROFESORA DE INVESTIGACIÓN,
UNIVERSIDAD DE HOUSTON

'THE CALL TO COURAGE'
ESPECIAL DE NETFLIX, 2019

REFLEXIÓN PERSONAL

Completa esta sección DESPUÉS de tu visita al campus.

Ten en cuenta tus características, personalidad, talentos, requisitos indispensables y objetivos al completar las preguntas y las escalas en la página siguiente en lo que se refiere a esta visita universitaria.

Nombre de universidad:

¿Por qué estoy considerando esta universidad?

¿Qué ofrece esta universidad que realmente me interesa (académico y extracurricular)?

¿Cómo describirías la diversidad del campus?

Conociendo mis requisitos indispensables y deseables, ¿Cómo se compara esta universidad?

· · · · · · · · · · · · ·

Usando la escala a continuación, indica tu nivel de acuerdo para cada categoría de "encaje".

Esta universidad encaja de manera realista...	Desacuerdo Total	Desacuerdo	Ni acuerdo ni desacuerdo	Acuerdo	Acuerdo Total
En lo académico:	○	○	○	○	○
En cuanto a la diversidad:	○	○	○	○	○
En lo social:	○	○	○	○	○
En lo financiero:	○	○	○	○	○
En lo atlético:	○	○	○	○	○
En lo general:	○	○	○	○	○

· · · · · · · · · · · · ·

Próximos pasos para esta universidad:

- ☐ Comenzar aplicación
- ☐ Finalizar aplicación
- ☐ Mandar nota de agradecimiento
- ☐ Pedir más información
- ☐ Presentar solicitud FAFSA
- ☐ Enviar calificaciones de mitad de año
- ☐ Entrevistar a exalumnos
- ☐ Pagar depósito
- ☐ Pagar tarifa de aplicación
- ☐ Otros:

ESTADO & PROGRESO

Usa los 'círculos de estado' para evaluar tu progreso hacia cada entregable para tu aplicación a esta universidad. Una vez que completes un producto a entregar, escribe la fecha de finalización en el círculo "100%".

Nombre de universidad ______________________________

	10%				50%				100%	N/A
APLICACIÓN	○	○	○	○	○	○	○	○	○	○	○
ENSAYO	○	○	○	○	○	○	○	○	○	○	○
ENTREGA DE CALIFICACIÓN DE EXÁMEN	○	○	○	○	○	○	○	○	○	○	○
RECOMENDACIONES DE MAESTROS	○	○	○	○	○	○	○	○	○	○	○
RECOMENDACIONES DE CONSEJEROS	○	○	○	○	○	○	○	○	○	○	○
PÁGINA DE SUPLEMENTO/ EXPRESIÓN DE INTERÉS	○	○	○	○	○	○	○	○	○	○	○
SOLICITUD FAFSA	○	○	○	○	○	○	○	○	○	○	○
SOLICITUD DE BECA #1	○	○	○	○	○	○	○	○	○	○	○
SOLICITUD DE BECA #2	○	○	○	○	○	○	○	○	○	○	○
______________	○	○	○	○	○	○	○	○	○	○	○

GRANDES IDEAS & PENSAMIENTOS DESORDENADOS

Estas son páginas de apuntes. Úsalas como quieras: para notas, listas de tareas, diseñar, dibujar o programar quehaceres. Deja que te guíe la imaginación.

De curiosidad...

¿Cómo te describirían tus padres y / o familiares?

NOTAS

NOTAS

VISITA UNIVERSITARIA #3

Completa los detalles acerca de esta universidad utilizando la página web o folleto de información de la universidad, o pregúntale a un consejero de admisión.

La siguiente página contiene datos básicos sobre la universidad. Completa los espacios correspondientes y marca las palabras que mejor describan el instituto o universidad.

Completarás esta página para cada visita universitaria.

NOMBRE DE INSTITUTO/UNIVERSIDAD:

UBICACIÓN + LA CIUDAD GRANDE MÁS CERCANA:

AEROPUERTO MÁS CERCANO + ¿A CUANTAS MILLAS DE CASA?:

TIPO DE CAMPUS: *Marca una opción*

Rural | Suburbano | Urbano

CUENTAS EN REDES SOCIALES:

MASCOTA + COLORES DE LA ESCUELA:

POBLACIÓN ESTUDIANTIL:

MI ESPECIALIZACIÓN DESEADA/ AREA DE INTERÉS:

TIPO DE INSTITUCIÓN: *Marca una opción*

Pública | Privada

CATEGORÍA: *Marca con un círculo, si corresponde*

Universidad o Instituto Históricamente Negro (HBCU)

Universidad de Hombres | Universidad Tribal | 2-años

Universidad de Mujeres | Militar | Afiliación religiosa

Institución de Servicio a Hispanos (HSI)

CALENDARIO ACADÉMICO: *Marca una opción*

Semestre | Tercio | Trimestre

SESIÓN INFORMATIVA

Esta sección es útil para cuando asistas a la sesión de información.

Probablemente aprenderás sobre:

- Los requisitos de admisión, incluyendo puntajes de exámenes y plazos importantes

- Información específica del campus, como historia, actividades en el campus y servicios de apoyo estudiantil

- Opciones de ayuda financiera y costos asociados con asistir a la universidad

Esta sesión puede ocurrir antes o después del recorrido por el campus.

<table>
<tr><td colspan="2" align="center">PROMEDIOS + TASAS</td></tr>
<tr><td>GPA</td><td></td></tr>
<tr><td>SAT</td><td></td></tr>
<tr><td>ACT</td><td></td></tr>
<tr><td>Promedio de alumnos por clase</td><td></td></tr>
<tr><td>Tasa de aceptación:
*cuántos solicitantes fueron admitidos</td><td></td></tr>
<tr><td>Tasa de retención:
*la cantidad de estudiantes de primer año que regresaron en el segundo año</td><td></td></tr>
<tr><td>Tasa de graduación:
*cuántos estudiantes se gradúan en 6 años</td><td></td></tr>
<tr><td>Tasa de inserción laboral</td><td></td></tr>
</table>

NOTAS + OTROS REQUISITOS

<table>
<tr><td colspan="2" align="center">PLAZOS IMPORTANTES + COSAS QUE DEBO SABER</td></tr>
<tr><td colspan="2">Plazo límite de admisión</td></tr>
<tr><td>¿Admisión continua?</td><td>Sí | No</td></tr>
<tr><td>Admisión normal</td><td></td></tr>
<tr><td>Acción temprana (no vinculante)
*Los estudiantes reciben una respuesta temprana a su solicitud.</td><td></td></tr>
<tr><td>Decisión temprana (vinculante)
*Requiere que el estudiante se matricule en la escuela admitida. Por lo general, no puedes retirar la solicitud..</td><td></td></tr>
<tr><td colspan="2">Plazo límite para la solicitud de becas</td></tr>
<tr><td>¿Se requiere solicitud de beca por separado?</td><td>Sí | No</td></tr>
<tr><td>Plazo normal</td><td></td></tr>
<tr><td colspan="2">Plazo para la presentación FAFSA</td></tr>
<tr><td>Plazo de prioridad FAFSA
* FAFSA abre el primero de octubre</td><td></td></tr>
<tr><td>Fecha en que presenté mi FAFSA</td><td></td></tr>
</table>

AYUDA FINANCIERA

Hay varias formas de pagar la universidad. La mayoría de las universidades requieren que la persona completé la Solicitud Gratuita de Ayuda Federal para Estudiantes (FAFSA, por sus siglas en inglés) (studentaid.gov/fafsa), la cuál ayuda a determinar cuánto dinero la familia tiene para pagar la universidad. Para completar el formulario, necesitarás información de ingresos e impuestos de los dos últimos años.

FAFSA abre el primero de octubre y debe completarse anualmente mientras estés inscrito(a) en la universidad.

Algunas universidades también pueden exigir que completes un perfil CSS, el cuál es utilizado sólo por algunas universidades para obtener ayuda estatal e institucional (consulta la sección de recursos para obtener más información).

Miremos los diferentes tipos de ayuda:

> PRÉSTAMOS

Dinero prestado para la universidad; debes pagar el préstamo y el interés.

> BECAS & SUBVENCIONES

Ayuda financiera que no tiene que devolverse (a menos que, por ejemplo, te retires de la Universidad, ahí si debes renunciar el dinero).

> EMPLEO-ESTUDIO

Un programa de trabajo a través del cual ganas dinero para ayudar a pagar la universidad.

(Fuente: https://studentaid.gov)

OTRAS MANERAS DE PAGAR LA UNIVERSIDAD

¡CONSEJO!
Pregúntale a tu consejero de admisión sobre los requisitos para ser un RA (asistente residente)

1. **Reembolso de matrícula** - tu empleador actual puede ayudarte a cubrir una parte o la totalidad de tus gastos de educación.
2. **Trabajo a tiempo parcial** - ej. cuidado de niños, mesero en restaurante local, tutoría en escuela local.
3. **Inscríbete en clases de Colocación Avanzada** (AP, por sus siglas en inglés) en la escuela secundaria y realiza exámenes para evitar tomar algunos cursos universitarios.

GASTOS

Costo de asistencia: $ _______________________________

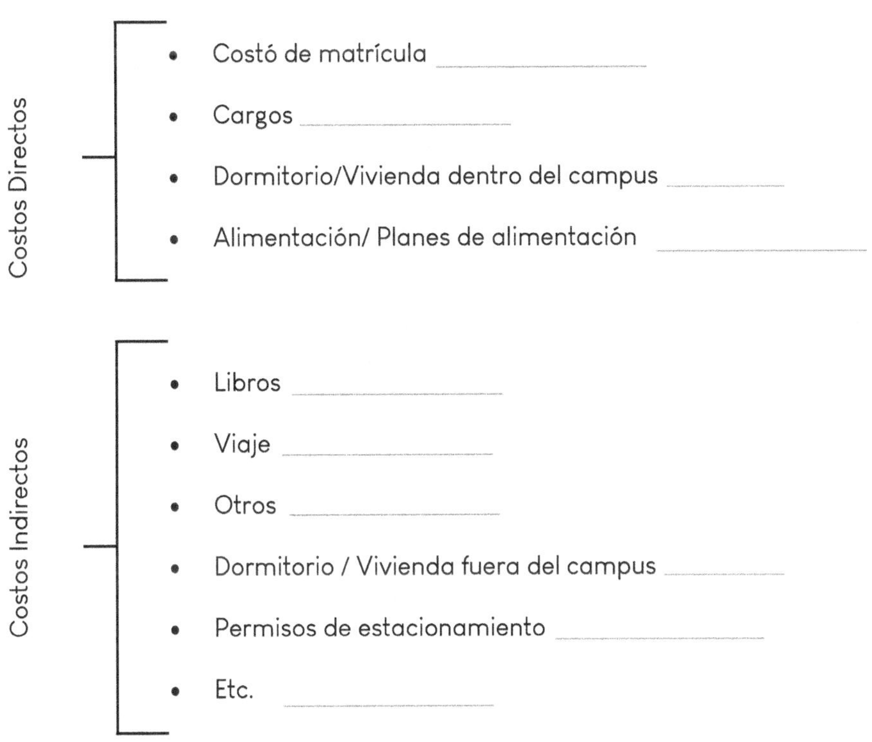

NOTAS

____

____

____

____

EL RECORRIDO + CONTACTOS

Absorbe todo y mantenlo organizado usando los recordatorios y las casillas de selección en las próximas páginas para evaluar tu visita al campus.

Intenta ver lo más posible en todo el campus y en los alrededores y califícalo en una escala de 1 a 5 (5 siendo lo mejor) para tener una buena idea del ambiente.

Además, asegúrate de anotar los nombres de las personas que conoces en el campus y de los compañeros en el recorrido. ¡Nunca subestimes el poder de una nueva conexión!

Si necesitas más espacio para tus notas, ¡recuerda usar las páginas de notas al final de esta sección de visita universitaria!

Visité...

- ☐ Centro estudiantil
- ☐ Comedor
- ☐ Librería
- ☐ Biblioteca
- ☐ Edificio académico
- ☐ Centro/Laboratorio de innovación

- ☐ Aula/sala de clases
- ☐ Centro de recreación/ gimnasio
- ☐ Dormitorios/residencias de estudiantes
- ☐ Centro de ex alumnos
- ☐ Edificio más antiguo
- ☐ Instalaciones deportivas

- ☐ Edificio más nuevo
- ☐ Atracciones locales de la ciudad
- ☐ Centro de salud/clínica
- ☐ Espacios de estudio
- ☐ Centro Profesional
- ☐ El mejor lugar para tomar una selfie

Un poco más sobre...

> Dormitorios/residencias de estudiantes

- ☐ Suite / individual / compartida
- ☐ Mixto / únicamente hombres / únicamente mujeres
- ☐ Requerimiento para vivir en campus: Sí / No
- ☐ Requisitos para visitas/Toque de queda: Sí / No
- ☐ Cargos de lavandería: Sí / No

> Seguridad

- ☐ Tarjeta de acceso
- ☐ Seguridad visible / Lámparas azules
- ☐ Aplicación móvil de seguridad
- ☐ Cursos de autodefensa
- ☐ Estacionamiento & acceso

Ahora, califiquemos... (en una escala de 1 a 5, 5 siendo lo mejor)

- _____ Belleza general del campus
- _____ Sensación de felicidad en general del campus
- _____ Zonas verdes/vegetación
- _____ Planes para el crecimiento futuro del campus
- _____ Áreas accesibles/ Áreas que cumplan con la ley ADA*
- _____ Campus Verde / Iniciativas de reciclaje
- _____ Servicios (Discapacidad, Centro de salud)

- _____ Clima
- _____ Tráfico: peatonal
- _____ Tráfico: vehicular
- _____ Nivel de ruido
- _____ Terreno del campus
- _____ Centro de Tutoría / Matemáticas / Escritura
- _____ Mi(s) guía(s) de recorrido

*La Ley sobre Estadounidenses con discapacidades (ADA, por sus siglas en inglés) garantiza el acceso al entorno construido para personas con discapacidades. Para más información dirígete a la sección de recursos.

ESPERA...

Tomate 30-60 segundos durante el recorrido para calmar tu mente, utiliza tus cinco sentidos para capturar el espacio a tu alrededor.

¿Qué hueles? ¿Qué escuchas? ¿Qué sientes? Etc.

Si quieres, cierra los ojos para enfocarte mejor.

Yo te espero.

Mi(s) guía(s) de recorrido:

Nombre _______________________   Nombre _______________________

✉ Correo electrónico   ✉ Correo electrónico

@ Cuentas en redes sociales   @ Cuentas en redes sociales

🎓 Se graduó en (año) _______   🎓 Se graduó en (año) _______

◎ Ciudad natal _______   ◎ Ciudad natal _______

🏛 Especialización universitaria   🏛 Especialización universitaria

Mi consejero(a) de admisión:

ጸ Nombre _______________________

✉ Correo electrónico

Contacto de ayuda financiera:

ጸ Nombre _______________________

✉ Correo electrónico

Los estudiantes que conocí + quiero conocer mejor:

Nombre _______________________   Nombre _______________________

@ _______________________   @ _______________________

¿Recibiste tarjetas de presentación? Utiliza una grapadora o clip para salvarlas aquí:

LA EVALUACIÓN

Los indicadores en la siguiente página miden tu compromiso.

Dibuja una fiecha para expresar cómo te sientes (tu nivel de satisfacción), vacío o lleno, con respecto a cada categoría durante la sesión de información y el recorrido por el campus.

Por ejemplo, durante los momentos agradables o de entusiasmo y concentración intensa, puedes sentirte más comprometido, totalmente presente en el momento o lleno.

Se proporcionan tres categorías para ti, pero utiliza las dos en blanco para crear tus propias medidas de satisfacción.

Aquí hay un ejemplo:

Luego, utiliza el espacio de notas para refiexionar sobre tus sentimientos en cada categoría.

COMPROMETIDO(A)

ENTREGA DE
INFORMACIÓN

INSTALACIONES/
ESPACIO

NOTAS

HABLEMOS SOBRE LA GENTE

Usa el espacio en la siguiente página para refiexionar sobre las personas que ves y que conoces en el campus durante tu recorrido.

Toma notas sobre tus pensamientos.

Me impresionó:

Me preocupa:

Me gustaría tener más tiempo para hablar con:
¡Utiliza las muestras de escritura en la sección de recursos como una sugerencia!

Me gustaría aprender más sobre:
(Especialidades, pasantías, oportunidades de trabajo y estudio, excursiones nocturnas, etc.)

Profesores que conocí:

Administradores que conocí:

En general, los estudiantes en el campus parecen estar:

Alumnos destacados/famosos:

Exalumnos que conozco (familia, amigos, ex compañeros de clase, etc.):

Hoy aprendí:

RETO: ¡SALTE DE TU ZONA DE COMODIDAD!

"Rompe el hielo" con las personas que conoces haciendo preguntas como estas. ¡Usa las páginas de notas para anotar tus respuestas!

> ¿Cuál fue tu mayor desafío en la escuela? Podría estar relacionado con lo académico, social, extracurricular, carrera, etc.

> Si pudieras estudiar en el extranjero en cualquier parte del mundo, ¿a dónde irías?

> Si pudieras intercambiar lugares con cualquier persona por una semana, ¿con quién lo harías?

> ¿Qué es lo que más extrañarás de la escuela secundaria?

> ¿Qué es lo que más te emociona de la universidad?

> ¿Cómo defines la integridad?

> ¿Cuál es tu mayor logro?

> Si el tiempo y el dinero no fueran un obstáculo, ¿qué tipo de negocio tendrías?

NUNCA DEJES QUE UN FRACASO TE PARALICE.

FRACASAR NO ES FATAL.

- DR. NICOLE COSBY
PROFESORA + DIRECTORA DEL PROGRAMA DE
ENTRENAMIENTO ATLÉTICO, UNIVERSIDAD POINT
LOMA NAZARENE

ORADORA DE CEREMONIA DE GRADUACIÓN - 2019
UNIVERSIDAD POINT LOMA NAZARENE

REFLEXIÓN PERSONAL

Completa esta sección DESPUÉS de tu visita al campus.

Ten en cuenta tus características, personalidad, talentos, requisitos indispensables y objetivos al completar las preguntas y las escalas en la página siguiente en lo que se refiere a esta visita universitaria.

Nombre de universidad:

¿Por qué estoy considerando esta universidad?

¿Qué ofrece esta universidad que realmente me interesa (académico y extracurricular)?

¿Cómo describirías la diversidad del campus?

Conociendo mis requisitos indispensables y deseables, ¿Cómo se compara esta universidad?

Usando la escala a continuación, indica tu nivel de acuerdo para cada categoría de "encaje".

Esta universidad encaja de manera realista...	Desacuerdo Total	Desacuerdo	Ni acuerdo ni desacuerdo	Acuerdo	Acuerdo Total
En lo académico:	◯	◯	◯	◯	◯
En cuanto a la diversidad:	◯	◯	◯	◯	◯
En lo social:	◯	◯	◯	◯	◯
En lo financiero:	◯	◯	◯	◯	◯
En lo atlético:	◯	◯	◯	◯	◯
En lo general:	◯	◯	◯	◯	◯

Próximos pasos para esta universidad:

- ☐ Comenzar aplicación
- ☐ Finalizar aplicación
- ☐ Mandar nota de agradecimiento
- ☐ Pedir más información
- ☐ Presentar solicitud FAFSA
- ☐ Enviar calificaciones de mitad de año
- ☐ Entrevistar a exalumnos
- ☐ Pagar depósito
- ☐ Pagar tarifa de aplicación
- ☐ Otros:

ESTADO & PROGRESO

Usa los 'círculos de estado' para evaluar tu progreso hacia cada entregable para tu aplicación a esta universidad. Una vez que completes un producto a entregar, escribe la fecha de finalización en el círculo "100%".

Nombre de universidad ________________________

APLICACIÓN

10%   50%   100%   N/A

ENSAYO

10%   50%   100%   N/A

ENTREGA DE CALIFICACIÓN DE EXÁMEN

10%   50%   100%   N/A

RECOMENDACIONES DE MAESTROS

10%   50%   100%   N/A

RECOMENDACIONES DE CONSEJEROS

10%   50%   100%   N/A

PÁGINA DE SUPLEMENTO/ EXPRESIÓN DE INTERÉS

10%   50%   100%   N/A

SOLICITUD FAFSA

10%   50%   100%   N/A

SOLICITUD DE BECA #1

10%   50%   100%   N/A

SOLICITUD DE BECA #2

10%   50%   100%   N/A

____

10%   50%   100%   N/A

GRANDES IDEAS & PENSAMIENTOS DESORDENADOS

Estas son páginas de apuntes. Úsalas como quieras: para notas, listas de tareas, diseñar, dibujar o programar quehaceres. Deja que te guíe la imaginación.

De curiosidad...

¿Alguna vez has hecho trabajo voluntario? Si es así, ¿qué te atrajo a esa oportunidad y qué aprendiste de ella?

NOTAS

NOTAS

VISITA UNIVERSITARIA #4

Completa los detalles acerca de esta universidad utilizando la página web o folleto de información de la universidad, o pregúntale a un consejero de admisión.

La siguiente página contiene datos básicos sobre la universidad. Completa los espacios correspondientes y marca las palabras que mejor describan el instituto o universidad.

Completarás esta página para cada visita universitaria.

NOMBRE DE INSTITUTO/UNIVERSIDAD:

UBICACIÓN + LA CIUDAD GRANDE MÁS CERCANA:

AEROPUERTO MÁS CERCANO + ¿A CUANTAS MILLAS DE CASA?:

TIPO DE CAMPUS: *Marca una opción*

Rural | Suburbano | Urbano

CUENTAS EN REDES SOCIALES:

MASCOTA + COLORES DE LA ESCUELA:

POBLACIÓN ESTUDIANTIL:

MI ESPECIALIZACIÓN DESEADA/ AREA DE INTERÉS:

TIPO DE INSTITUCIÓN: *Marca una opción*

Pública | Privada

CATEGORÍA: *Marca con un círculo, si corresponde*

Universidad o Instituto Históricamente Negro (HBCU)

Universidad de Hombres | Universidad Tribal | 2-años

Universidad de Mujeres | Militar | Afiliación religiosa

Institución de Servicio a Hispanos (HSI)

CALENDARIO ACADÉMICO: *Marca una opción*

Semestre | Tercio | Trimestre

SESIÓN INFORMATIVA

Esta sección es útil para cuando asistas a la sesión de información.

Probablemente aprenderás sobre:

- Los requisitos de admisión, incluyendo puntajes de exámenes y plazos importantes

- Información específica del campus, como historia, actividades en el campus y servicios de apoyo estudiantil

- Opciones de ayuda financiera y costos asociados con asistir a la universidad

Esta sesión puede ocurrir antes o después del recorrido por el campus.

PROMEDIOS + TASAS	
GPA	
SAT	
ACT	
Promedio de alumnos por clase	
Tasa de aceptación: *cuántos solicitantes fueron admitidos*	
Tasa de retención: *la cantidad de estudiantes de primer año que regresaron en el segundo año*	
Tasa de graduación: *cuántos estudiantes se gradúan en 6 años*	
Tasa de inserción laboral	

PLAZOS IMPORTANTES + COSAS QUE DEBO SABER	
Plazo límite de admisión	
¿Admisión continua?	Sí | No
Admisión normal	
Acción temprana (no vinculante) *Los estudiantes reciben una respuesta temprana a su solicitud.*	
Decisión temprana (vinculante) *Requiere que el estudiante se matricule en la escuela admitida. Por lo general, no puedes retirar la solicitud.*	
Plazo límite para la solicitud de becas	
¿Se requiere solicitud de beca por separado?	Sí | No
Plazo normal	
Plazo para la presentación FAFSA	
Plazo de prioridad FAFSA ** FAFSA abre el primero de octubre*	
Fecha en que presenté mi FAFSA	

NOTAS + OTROS REQUISITOS

AYUDA FINANCIERA

Hay varias formas de pagar la universidad. La mayoría de las universidades requieren que la persona completé la Solicitud Gratuita de Ayuda Federal para Estudiantes (FAFSA, por sus siglas en inglés) (studentaid.gov/fafsa), la cuál ayuda a determinar cuánto dinero la familia tiene para pagar la universidad. Para completar el formulario, necesitarás información de ingresos e impuestos de los dos últimos años.

FAFSA abre el primero de octubre y debe completarse anualmente mientras estés inscrito(a) en la universidad.

Algunas universidades también pueden exigir que completes un perfil CSS, el cuál es utilizado sólo por algunas universidades para obtener ayuda estatal e institucional (consulta la sección de recursos para obtener más información).

Miremos los diferentes tipos de ayuda:

> PRÉSTAMOS

Dinero prestado para la universidad; debes pagar el préstamo y el interés.

> BECAS & SUBVENCIONES

Ayuda financiera que no tiene que devolverse (a menos que, por ejemplo, te retires de la Universidad, ahí si debes renunciar el dinero).

> EMPLEO-ESTUDIO

Un programa de trabajo a través del cual ganas dinero para ayudar a pagar la universidad.

(Fuente: https://studentaid.gov)

OTRAS MANERAS DE PAGAR LA UNIVERSIDAD

¡CONSEJO!
Pregúntale a tu consejero de admisión sobre los requisitos para ser un RA (asistente residente)

1. **Reembolso de matrícula** - tu empleador actual puede ayudarte a cubrir una parte o la totalidad de tus gastos de educación.
2. **Trabajo a tiempo parcial** - ej. cuidado de niños, mesero en restaurante local, tutoría en escuela local.
3. **Inscríbete en clases de Colocación Avanzada** (AP, por sus siglas en inglés) en la escuela secundaria y realiza exámenes para evitar tomar algunos cursos universitarios.

Costo de asistencia: $ ______________________________

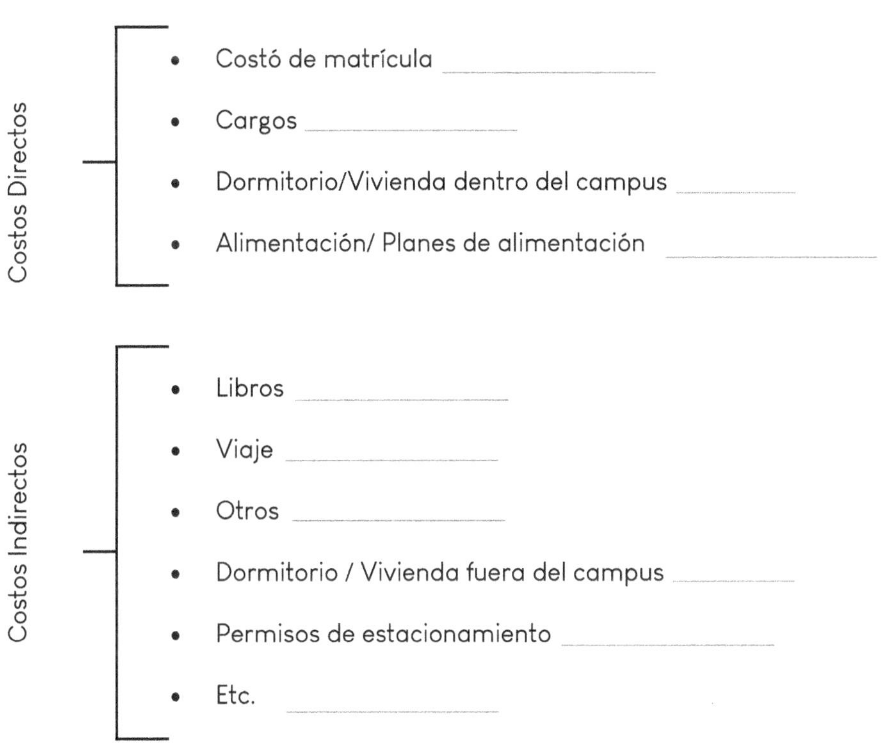

Costos Directos
- Costó de matrícula ______________
- Cargos ______________
- Dormitorio/Vivienda dentro del campus ______________
- Alimentación/ Planes de alimentación ______________

Costos Indirectos
- Libros ______________
- Viaje ______________
- Otros ______________
- Dormitorio / Vivienda fuera del campus ______________
- Permisos de estacionamiento ______________
- Etc. ______________

NOTAS

____

____

____

____

EL RECORRIDO + CONTACTOS

Absorbe todo y mantenlo organizado usando los recordatorios y las casillas de selección en las próximas páginas para evaluar tu visita al campus.

Intenta ver lo más posible en todo el campus y en los alrededores y califícalo en una escala de 1 a 5 (5 siendo lo mejor) para tener una buena idea del ambiente.

Además, asegúrate de anotar los nombres de las personas que conoces en el campus y de los compañeros en el recorrido. ¡Nunca subestimes el poder de una nueva conexión!

Si necesitas más espacio para tus notas, ¡recuerda usar las páginas de notas al final de esta sección de visita universitaria!

Visité...

- ☐ Centro estudiantil
- ☐ Comedor
- ☐ Librería
- ☐ Biblioteca
- ☐ Edificio académico
- ☐ Centro/Laboratorio de innovación
- ☐ Aula/sala de clases
- ☐ Centro de recreación/ gimnasio
- ☐ Dormitorios/residencias de estudiantes
- ☐ Centro de ex alumnos
- ☐ Edificio más antiguo
- ☐ Instalaciones deportivas
- ☐ Edificio más nuevo
- ☐ Atracciones locales de la ciudad
- ☐ Centro de salud/clínica
- ☐ Espacios de estudio
- ☐ Centro Profesional
- ☐ El mejor lugar para tomar una selfie

Un poco más sobre...

> Dormitorios/residencias de estudiantes

- ☐ Suite / individual / compartida
- ☐ Mixto / únicamente hombres / únicamente mujeres
- ☐ Requerimiento para vivir en campus: Sí / No
- ☐ Requisitos para visitas/Toque de queda: Sí / No
- ☐ Cargos de lavandería: Sí / No

> Seguridad

- ☐ Tarjeta de acceso
- ☐ Seguridad visible / Lámparas azules
- ☐ Aplicación móvil de seguridad
- ☐ Cursos de autodefensa
- ☐ Estacionamiento & acceso

Ahora, califiquemos... (en una escala de 1 a 5, 5 siendo lo mejor)

- _____ Belleza general del campus
- _____ Sensación de felicidad en general del campus
- _____ Zonas verdes/vegetación
- _____ Planes para el crecimiento futuro del campus
- _____ Áreas accesibles/ Áreas que cumplan con la ley ADA*
- _____ Campus Verde / Iniciativas de reciclaje
- _____ Servicios (Discapacidad, Centro de salud)

- _____ Clima
- _____ Tráfico: peatonal
- _____ Tráfico: vehicular
- _____ Nivel de ruido
- _____ Terreno del campus
- _____ Centro de Tutoría / Matemáticas / Escritura
- _____ Mi(s) guía(s) de recorrido

*La Ley sobre Estadounidenses con discapacidades (ADA, por sus siglas en inglés) garantiza el acceso al entorno construido para personas con discapacidades. Para más información dirígete a la sección de recursos.

ESPERA...

Tomate 30-60 segundos durante el recorrido para calmar tu mente, utiliza tus cinco sentidos para capturar el espacio a tu alrededor.

¿Qué hueles? ¿Qué escuchas? ¿Qué sientes? Etc.

Si quieres, cierra los ojos para enfocarte mejor.

Yo te espero.

Mi(s) guía(s) de recorrido:

Nombre ________________________ Nombre ________________________

✉ Correo electrónico   ✉ Correo electrónico

@ Cuentas en redes sociales   @ Cuentas en redes sociales

🎓 Se graduó en (año) __________   🎓 Se graduó en (año) __________

◎ Ciudad natal _______________   ◎ Ciudad natal _______________

🏛 Especialización universitaria 🏛 Especialización universitaria

Mi consejero(a) de admisión:

🧑 Nombre ________________________

✉ Correo electrónico

Contacto de ayuda financiera:

🧑 Nombre ________________________

✉ Correo electrónico

Los estudiantes que conocí + quiero conocer mejor:

Nombre ________________________ Nombre ________________________

@ ________________________   @ ________________________

¿Recibiste tarjetas de presentación? Utiliza una grapadora o clip para salvarlas aquí:

LA EVALUACIÓN

Los indicadores en la siguiente página miden tu compromiso.

Dibuja una fiecha para expresar cómo te sientes (tu nivel de satisfacción), vacío o lleno, con respecto a cada categoría durante la sesión de información y el recorrido por el campus.

Por ejemplo, durante los momentos agradables o de entusiasmo y concentración intensa, puedes sentirte más comprometido, totalmente presente en el momento o lleno.

Se proporcionan tres categorías para ti, pero utiliza las dos en blanco para crear tus propias medidas de satisfacción.

Aquí hay un ejemplo:

Luego, utiliza el espacio de notas para refiexionar sobre tus sentimientos en cada categoría.

NOTAS

HABLEMOS SOBRE LA GENTE

Usa el espacio en la siguiente página para refiexionar sobre las personas que ves y que conoces en el campus durante tu recorrido.

Toma notas sobre tus pensamientos.

Me impresionó:

Me preocupa:

Me gustaría tener más tiempo para hablar con:
¡Utiliza las muestras de escritura en la sección de recursos como una sugerencia!

Me gustaría aprender más sobre:
(Especialidades, pasantías, oportunidades de trabajo y estudio, excursiones nocturnas, etc.)

Profesores que conocí:

Administradores que conocí:

En general, los estudiantes en el campus parecen estar:

Alumnos destacados/famosos:

____

____

Exalumnos que conozco (familia, amigos, ex compañeros de clase, etc.):

____

____

Hoy aprendí:

____

____

⚡

RETO: ¡SALTE DE TU ZONA DE COMODIDAD!

"Rompe el hielo" con las personas que conoces haciendo preguntas como estas. ¡Usa las páginas de notas para anotar tus respuestas!

> ¿Cuál fue tu mayor desafío en la escuela? Podría estar relacionado con lo académico, social, extracurricular, carrera, etc.

> Si pudieras estudiar en el extranjero en cualquier parte del mundo, ¿a dónde irías?

> Si pudieras intercambiar lugares con cualquier persona por una semana, ¿con quién lo harías?

> ¿Qué es lo que más extrañarás de la escuela secundaria?

> ¿Qué es lo que más te emociona de la universidad?

> ¿Cómo defines la integridad?

> ¿Cuál es tu mayor logro?

> Si el tiempo y el dinero no fueran un obstáculo, ¿qué tipo de negocio tendrías?

NINGÚN TRABAJO O TAREA ES BANAL, NADA ESTÁ POR DEBAJO DE TI.

SI QUIERES SALIR ADELANTE, OFRECE HACER LAS COSAS QUE NADIE MAS QUIERE HACER, Y HAZLO MEJOR.

SE UNA ESPONJA. MANTENTE ABIERTO(A) A LAS POSIBILIDADES Y APRENDE.

**- BOBBI BROWN
ARTISTA DE MAQUILLAJE PROFESIONAL +
FUNDADOR DE LA EMPRESA 'BOBBI BROWN
COSMETICS'**

ORADOR DE CEREMONIA DE GRADUACIÓN – 2014
INSTITUTO DE MODA Y TECNOLOGÍA (FASHION INSTITUTE OF TECHNOLOGY)

REFLEXIÓN PERSONAL

Completa esta sección DESPUÉS de tu visita al campus.

Ten en cuenta tus características, personalidad, talentos, requisitos indispensables y objetivos al completar las preguntas y las escalas en la página siguiente en lo que se refiere a esta visita universitaria.

Nombre de universidad:

¿Por qué estoy considerando esta universidad?

¿Qué ofrece esta universidad que realmente me interesa (académico y extracurricular)?

¿Cómo describirías la diversidad del campus?

Conociendo mis requisitos indispensables y deseables, ¿Cómo se compara esta universidad?

Usando la escala a continuación, indica tu nivel de acuerdo para cada categoría de "encaje".

Esta universidad encaja de manera realista...	Desacuerdo Total	Desacuerdo	Ni acuerdo ni desacuerdo	Acuerdo	Acuerdo Total
En lo académico:	○	○	○	○	○
En cuanto a la diversidad:	○	○	○	○	○
En lo social:	○	○	○	○	○
En lo financiero:	○	○	○	○	○
En lo atlético:	○	○	○	○	○
En lo general:	○	○	○	○	○

Próximos pasos para esta universidad:

- ☐ Comenzar aplicación
- ☐ Finalizar aplicación
- ☐ Mandar nota de agradecimiento
- ☐ Pedir más información
- ☐ Presentar solicitud FAFSA
- ☐ Enviar calificaciones de mitad de año
- ☐ Entrevistar a exalumnos
- ☐ Pagar depósito
- ☐ Pagar tarifa de aplicación
- ☐ Otros:

ESTADO & PROGRESO

Usa los 'círculos de estado' para evaluar tu progreso hacia cada entregable para tu aplicación a esta universidad. Una vez que completes un producto a entregar, escribe la fecha de finalización en el círculo "100%".

Nombre de universidad _______________________________

APLICACIÓN

      ○ ○ ○ ○ ○ ○ ○ ○ ○ ○ ○

10%   50%   100% N/A

ENSAYO

○ ○ ○ ○ ○ ○ ○ ○ ○ ○ ○

10%   50%   100% N/A

ENTREGA DE
CALIFICACIÓN
DE EXÁMEN

○ ○ ○ ○ ○ ○ ○ ○ ○ ○ ○

10%   50%   100% N/A

RECOMENDACIONES
DE MAESTROS

○ ○ ○ ○ ○ ○ ○ ○ ○ ○ ○

10%   50%   100% N/A

RECOMENDACIONES
DE CONSEJEROS

○ ○ ○ ○ ○ ○ ○ ○ ○ ○ ○

10%   50%   100% N/A

PÁGINA DE
SUPLEMENTO/
EXPRESIÓN DE INTERÉS

○ ○ ○ ○ ○ ○ ○ ○ ○ ○ ○

10%   50%   100% N/A

SOLICITUD FAFSA

○ ○ ○ ○ ○ ○ ○ ○ ○ ○ ○

10%   50%   100% N/A

SOLICITUD DE
BECA #1

○ ○ ○ ○ ○ ○ ○ ○ ○ ○ ○

10%   50%   100% N/A

SOLICITUD DE
BECA #2

○ ○ ○ ○ ○ ○ ○ ○ ○ ○ ○

10%   50%   100% N/A

____

○ ○ ○ ○ ○ ○ ○ ○ ○ ○ ○

10%   50%   100% N/A

GRANDES IDEAS & PENSAMIENTOS DESORDENADOS

Estas son páginas de apuntes. Úsalas como quieras: para notas, listas de tareas, diseñar, dibujar o programar quehaceres. Deja que te guíe la imaginación.

De curiosidad...

¿Cuál crees que es el mejor invento actualmente? ¿Cómo lo mejorarías?

NOTAS

NOTAS

VISITA UNIVERSITARIA #5

Completa los detalles acerca de esta universidad utilizando la página web o folleto de información de la universidad, o pregúntale a un consejero de admisión.

La siguiente página contiene datos básicos sobre la universidad. Completa los espacios correspondientes y marca las palabras que mejor describan el instituto o universidad.

Completarás esta página para cada visita universitaria.

NOMBRE DE INSTITUTO/UNIVERSIDAD:

UBICACIÓN + LA CIUDAD GRANDE MÁS CERCANA:

AEROPUERTO MÁS CERCANO + ¿A CUANTAS MILLAS DE CASA?:

TIPO DE CAMPUS: *Marca una opción*

Rural | Suburbano | Urbano

CUENTAS EN REDES SOCIALES:

MASCOTA + COLORES DE LA ESCUELA:

POBLACIÓN ESTUDIANTIL:

MI ESPECIALIZACIÓN DESEADA/ AREA DE INTERÉS:

TIPO DE INSTITUCIÓN: *Marca una opción*

Pública | Privada

CATEGORÍA: *Marca con un círculo, si corresponde*

Universidad o Instituto Históricamente Negro (HBCU)

Universidad de Hombres | Universidad Tribal | 2-años

Universidad de Mujeres | Militar | Afiliación religiosa

Institución de Servicio a Hispanos (HSI)

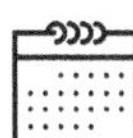

CALENDARIO ACADÉMICO: *Marca una opción*

Semestre | Tercio | Trimestre

SESIÓN INFORMATIVA

Esta sección es útil para cuando asistas a la sesión de información.

Probablemente aprenderás sobre:

- Los requisitos de admisión, incluyendo puntajes de exámenes y plazos importantes

- Información específica del campus, como historia, actividades en el campus y servicios de apoyo estudiantil

- Opciones de ayuda financiera y costos asociados con asistir a la universidad

Esta sesión puede ocurrir antes o después del recorrido por el campus.

PROMEDIOS + TASAS	
GPA	
SAT	
ACT	
Promedio de alumnos por clase	
Tasa de aceptación: *cuántos solicitantes fueron admitidos*	
Tasa de retención: *la cantidad de estudiantes de primer año que regresaron en el segundo año*	
Tasa de graduación: *cuántos estudiantes se gradúan en 6 años*	
Tasa de inserción laboral	

NOTAS + OTROS REQUISITOS

PLAZOS IMPORTANTES + COSAS QUE DEBO SABER	
Plazo límite de admisión	
¿Admisión continua?	Sí I No
Admisión normal	
Acción temprana (no vinculante) *Los estudiantes reciben una respuesta temprana a su solicitud.*	
Decisión temprana (vinculante) *Requiere que el estudiante se matricule en la escuela admitida. Por lo general, no puedes retirar la solicitud.*	
Plazo límite para la solicitud de becas	
¿Se requiere solicitud de beca por separado?	Sí I No
Plazo normal	
Plazo para la presentación FAFSA	
Plazo de prioridad FAFSA ** FAFSA abre el primero de octubre*	
Fecha en que presenté mi FAFSA	

AYUDA FINANCIERA

Hay varias formas de pagar la universidad. La mayoría de las universidades requieren que la persona completé la Solicitud Gratuita de Ayuda Federal para Estudiantes (FAFSA, por sus siglas en inglés) (studentaid.gov/fafsa), la cuál ayuda a determinar cuánto dinero la familia tiene para pagar la universidad. Para completar el formulario, necesitarás información de ingresos e impuestos de los dos últimos años.

FAFSA abre el primero de octubre y debe completarse anualmente mientras estés inscrito(a) en la universidad.

Algunas universidades también pueden exigir que completes un perfil CSS, el cuál es utilizado sólo por algunas universidades para obtener ayuda estatal e institucional (consulta la sección de recursos para obtener más información).

Miremos los diferentes tipos de ayuda:

> PRÉSTAMOS

Dinero prestado para la universidad; debes pagar el préstamo y el interés.

> BECAS & SUBVENCIONES

Ayuda financiera que no tiene que devolverse (a menos que, por ejemplo, te retires de la Universidad, ahí si debes renunciar el dinero).

> EMPLEO-ESTUDIO

Un programa de trabajo a través del cual ganas dinero para ayudar a pagar la universidad.

(Fuente: https://studentaid.gov)

OTRAS MANERAS DE PAGAR LA UNIVERSIDAD

¡CONSEJO!
Pregúntale a tu consejero de admisión sobre los requisitos para ser un RA (asistente residente)

1. **Reembolso de matrícula** - tu empleador actual puede ayudarte a cubrir una parte o la totalidad de tus gastos de educación.
2. **Trabajo a tiempo parcial** - ej. cuidado de niños, mesero en restaurante local, tutoría en escuela local.
3. **Inscríbete en clases de Colocación Avanzada** (AP, por sus siglas en inglés) en la escuela secundaria y realiza exámenes para evitar tomar algunos cursos universitarios.

GASTOS

Costo de asistencia: $ _______________________________

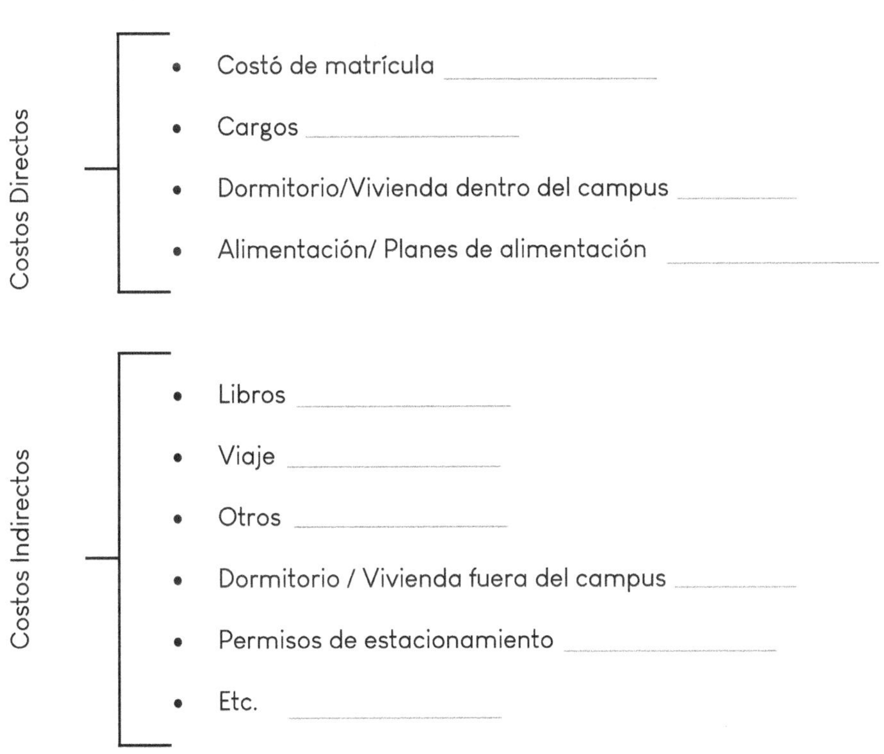

NOTAS

____

____

____

____

EL RECORRIDO + CONTACTOS

Absorbe todo y mantenlo organizado usando los recordatorios y las casillas de selección en las próximas páginas para evaluar tu visita al campus.

Intenta ver lo más posible en todo el campus y en los alrededores y califícalo en una escala de 1 a 5 (5 siendo lo mejor) para tener una buena idea del ambiente.

Además, asegúrate de anotar los nombres de las personas que conoces en el campus y de los compañeros en el recorrido. ¡Nunca subestimes el poder de una nueva conexión!

Si necesitas más espacio para tus notas, ¡recuerda usar las páginas de notas al final de esta sección de visita universitaria!

Visité...

- ☐ Centro estudiantil
- ☐ Comedor
- ☐ Librería
- ☐ Biblioteca
- ☐ Edificio académico
- ☐ Centro/Laboratorio de innovación

- ☐ Aula/sala de clases
- ☐ Centro de recreación/ gimnasio
- ☐ Dormitorios/residencias de estudiantes
- ☐ Centro de ex alumnos
- ☐ Edificio más antiguo
- ☐ Instalaciones deportivas

- ☐ Edificio más nuevo
- ☐ Atracciones locales de la ciudad
- ☐ Centro de salud/clínica
- ☐ Espacios de estudio
- ☐ Centro Profesional
- ☐ El mejor lugar para tomar una selfie

Un poco más sobre...

> Dormitorios/residencias de estudiantes

- ☐ Suite / individual / compartida
- ☐ Mixto / únicamente hombres / únicamente mujeres
- ☐ Requerimiento para vivir en campus: Sí / No
- ☐ Requisitos para visitas/Toque de queda: Sí / No
- ☐ Cargos de lavandería: Sí / No

> Seguridad

- ☐ Tarjeta de acceso
- ☐ Seguridad visible / Lámparas azules
- ☐ Aplicación móvil de seguridad
- ☐ Cursos de autodefensa
- ☐ Estacionamiento & acceso

Ahora, califiquemos... (en una escala de 1 a 5, 5 siendo lo mejor)

- _____ Belleza general del campus
- _____ Sensación de felicidad en general del campus
- _____ Zonas verdes/vegetación
- _____ Planes para el crecimiento futuro del campus
- _____ Áreas accesibles/ Áreas que cumplan con la ley ADA*
- _____ Campus Verde / Iniciativas de reciclaje
- _____ Servicios (Discapacidad, Centro de salud)

- _____ Clima
- _____ Tráfico: peatonal
- _____ Tráfico: vehicular
- _____ Nivel de ruido
- _____ Terreno del campus
- _____ Centro de Tutoría / Matemáticas / Escritura
- _____ Mi(s) guía(s) de recorrido

*La Ley sobre Estadounidenses con discapacidades (ADA, por sus siglas en inglés) garantiza el acceso al entorno construido para personas con discapacidades. Para más información dirígete a la sección de recursos.

ESPERA...

Tomate 30-60 segundos durante el recorrido para calmar tu mente, utiliza tus cinco sentidos para capturar el espacio a tu alrededor.

¿Qué hueles? ¿Qué escuchas? ¿Qué sientes? Etc.

Si quieres, cierra los ojos para enfocarte mejor.

Yo te espero.

Mi(s) guía(s) de recorrido:

Nombre _______________________   Nombre _______________________

✉ Correo electrónico   ✉ Correo electrónico

@ Cuentas en redes sociales   @ Cuentas en redes sociales

🎓 Se graduó en (año) _______   🎓 Se graduó en (año) _______

◎ Ciudad natal _______________   ◎ Ciudad natal _______________

📚 Especialización universitaria   📚 Especialización universitaria

Mi consejero(a) de admisión:

👤 Nombre _______________________

✉ Correo electrónico

Contacto de ayuda financiera:

👤 Nombre _______________________

✉ Correo electrónico

Los estudiantes que conocí + quiero conocer mejor:

Nombre _______________________   Nombre _______________________

@ _______________________   @ _______________________

¿Recibiste tarjetas de presentación? Utiliza una grapadora o clip para salvarlas aquí:

LA EVALUACIÓN

Los indicadores en la siguiente página miden tu compromiso.

Dibuja una fiecha para expresar cómo te sientes (tu nivel de satisfacción), vacío o lleno, con respecto a cada categoría durante la sesión de información y el recorrido por el campus.

Por ejemplo, durante los momentos agradables o de entusiasmo y concentración intensa, puedes sentirte más comprometido, totalmente presente en el momento o lleno.

Se proporcionan tres categorías para ti, pero utiliza las dos en blanco para crear tus propias medidas de satisfacción.

Aquí hay un ejemplo:

Luego, utiliza el espacio de notas para refiexionar sobre tus sentimientos en cada categoría.

COMPROMETIDO(A)

ENTREGA DE
INFORMACIÓN

INSTALACIONES/
ESPACIO

____

____

NOTAS

HABLEMOS SOBRE LA GENTE

Usa el espacio en la siguiente página para reflexionar sobre las personas que ves y que conoces en el campus durante tu recorrido.

Toma notas sobre tus pensamientos.

Me impresionó:

Me preocupa:

Me gustaría tener más tiempo para hablar con:
¡Utiliza las muestras de escritura en la sección de recursos como una sugerencia!

Me gustaría aprender más sobre:
(Especialidades, pasantías, oportunidades de trabajo y estudio, excursiones nocturnas, etc.)

Profesores que conocí:

Administradores que conocí:

En general, los estudiantes en el campus parecen estar:

Alumnos destacados/famosos:

____

____

Exalumnos que conozco (familia, amigos, ex compañeros de clase, etc.):

____

____

Hoy aprendí:

____

____

RETO: ¡SALTE DE TU ZONA DE COMODIDAD!

"Rompe el hielo" con las personas que conoces haciendo preguntas como estas. ¡Usa las páginas de notas para anotar tus respuestas!

> ¿Cuál fue tu mayor desafío en la escuela? Podría estar relacionado con lo académico, social, extracurricular, carrera, etc.

> Si pudieras estudiar en el extranjero en cualquier parte del mundo, ¿a dónde irías?

> Si pudieras intercambiar lugares con cualquier persona por una semana, ¿con quién lo harías?

> ¿Qué es lo que más extrañarás de la escuela secundaria?

> ¿Qué es lo que más te emociona de la universidad?

> ¿Cómo defines la integridad?

> ¿Cuál es tu mayor logro?

> Si el tiempo y el dinero no fueran un obstáculo, ¿qué tipo de negocio tendrías?

NO SÉ CUÁL ES TU FUTURO, PERO SI ESTÁS DISPUESTO(A) A TOMAR EL CAMINO MÁS DIFÍCIL, EL MÁS COMPLICADO, EL QUE COMIENZA CON MÁS FRACASOS ANTES DE ÉXITOS
...EN ESE ENTONCES NO TE ARREPENTIRÁS.

- CHADWICK BOSEMAN, ACTOR

ORADOR DE CEREMONIA DE GRADUACIÓN – 2018
UNIVERSIDAD HOWARD

REFLEXIÓN PERSONAL

Completa esta sección DESPUÉS de tu visita al campus.

Ten en cuenta tus características, personalidad, talentos, requisitos indispensables y objetivos al completar las preguntas y las escalas en la página siguiente en lo que se refiere a esta visita universitaria.

Nombre de universidad:

¿Por qué estoy considerando esta universidad?

¿Qué ofrece esta universidad que realmente me interesa (académico y extracurricular)?

¿Cómo describirías la diversidad del campus?

Conociendo mis requisitos indispensables y deseables, ¿Cómo se compara esta universidad?

• • • • • • • • • • • •

Usando la escala a continuación, indica tu nivel de acuerdo para cada categoría de "encaje".

Esta universidad encaja de manera realista...	Desacuerdo Total	Desacuerdo	Ni acuerdo ni desacuerdo	Acuerdo	Acuerdo Total
En lo académico:	○	○	○	○	○
En cuanto a la diversidad:	○	○	○	○	○
En lo social:	○	○	○	○	○
En lo financiero:	○	○	○	○	○
En lo atlético:	○	○	○	○	○
En lo general:	○	○	○	○	○

• • • • • • • • • • • •

Próximos pasos para esta universidad:

- ☐ Comenzar aplicación
- ☐ Finalizar aplicación
- ☐ Mandar nota de agradecimiento
- ☐ Pedir más información
- ☐ Presentar solicitud FAFSA
- ☐ Enviar calificaciones de mitad de año
- ☐ Entrevistar a exalumnos
- ☐ Pagar depósito
- ☐ Pagar tarifa de aplicación
- ☐ Otros:

ESTADO & PROGRESO

Usa los 'círculos de estado' para evaluar tu progreso hacia cada entregable para tu aplicación a esta universidad. Una vez que completes un producto a entregar, escribe la fecha de finalización en el círculo "100%".

Nombre de universidad ___________________________

APLICACIÓN

10%   50%   100%   N/A

ENSAYO

10%   50%   100%   N/A

ENTREGA DE
CALIFICACIÓN
DE EXÁMEN

10%   50%   100%   N/A

RECOMENDACIONES
DE MAESTROS

10%   50%   100%   N/A

RECOMENDACIONES
DE CONSEJEROS

10%   50%   100%   N/A

PÁGINA DE
SUPLEMENTO/
EXPRESIÓN DE INTERÉS

10%   50%   100%   N/A

SOLICITUD FAFSA

10%   50%   100%   N/A

SOLICITUD DE
BECA #1

10%   50%   100%   N/A

SOLICITUD DE
BECA #2

10%   50%   100%   N/A

____

10%   50%   100%   N/A

GRANDES IDEAS & PENSAMIENTOS DESORDENADOS

Estas son páginas de apuntes. Úsalas como quieras: para notas, listas de tareas, diseñar, dibujar o programar quehaceres. Deja que te guíe la imaginación.

De curiosidad...

¿Cuál de tus maestros o administradores escolares ha sido tu mayor influencia? ¿Por qué?

NOTAS

NOTAS

SACA TU LAPICERO...

VISITA UNIVERSITARIA #6

Completa los detalles acerca de esta universidad utilizando la página web o folleto de información de la universidad, o pregúntale a un consejero de admisión.

La siguiente página contiene datos básicos sobre la universidad. Completa los espacios correspondientes y marca las palabras que mejor describan el instituto o universidad.

Completarás esta página para cada visita universitaria.

NOMBRE DE INSTITUTO/UNIVERSIDAD:

UBICACIÓN + LA CIUDAD GRANDE MÁS CERCANA:

AEROPUERTO MÁS CERCANO + ¿A CUANTAS MILLAS DE CASA?:

TIPO DE CAMPUS: *Marca una opción*

Rural | Suburbano | Urbano

CUENTAS EN REDES SOCIALES:

MASCOTA + COLORES DE LA ESCUELA:

POBLACIÓN ESTUDIANTIL:

MI ESPECIALIZACIÓN DESEADA/ AREA DE INTERÉS:

TIPO DE INSTITUCIÓN: *Marca una opción*

Pública | Privada

CATEGORÍA: *Marca con un círculo, si corresponde*

Universidad o Instituto Históricamente Negro (HBCU)

Universidad de Hombres | Universidad Tribal | 2-años

Universidad de Mujeres | Militar | Afiliación religiosa

Institución de Servicio a Hispanos (HSI)

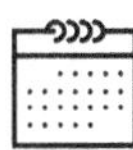

CALENDARIO ACADÉMICO: *Marca una opción*

Semestre | Tercio | Trimestre

SESIÓN INFORMATIVA

Esta sección es útil para cuando asistas a la sesión de información.

Probablemente aprenderás sobre:

- Los requisitos de admisión, incluyendo puntajes de exámenes y plazos importantes

- Información específica del campus, como historia, actividades en el campus y servicios de apoyo estudiantil

- Opciones de ayuda financiera y costos asociados con asistir a la universidad

Esta sesión puede ocurrir antes o después del recorrido por el campus.

PROMEDIOS + TASAS	
GPA	
SAT	
ACT	
Promedio de alumnos por clase	
Tasa de aceptación: *cuántos solicitantes fueron admitidos	
Tasa de retención: *la cantidad de estudiantes de primer año que regresaron en el segundo año	
Tasa de graduación: *cuántos estudiantes se gradúan en 6 años	
Tasa de inserción laboral	

PLAZOS IMPORTANTES + COSAS QUE DEBO SABER	
Plazo límite de admisión	
¿Admisión continua?	Sí | No
Admisión normal	
Acción temprana (no vinculante) *Los estudiantes reciben una respuesta temprana a su solicitud.	
Decisión temprana (vinculante) *Requiere que el estudiante se matricule en la escuela admitida. Por lo general, no puedes retirar la solicitud.	
Plazo límite para la solicitud de becas	
¿Se requiere solicitud de beca por separado?	Sí | No
Plazo normal	
Plazo para la presentación FAFSA	
Plazo de prioridad FAFSA * FAFSA abre el primero de octubre	
Fecha en que presenté mi FAFSA	

AYUDA FINANCIERA

Hay varias formas de pagar la universidad. La mayoría de las universidades requieren que la persona completé la Solicitud Gratuita de Ayuda Federal para Estudiantes (FAFSA, por sus siglas en inglés) (studentaid.gov/fafsa), la cuál ayuda a determinar cuánto dinero la familia tiene para pagar la universidad. Para completar el formulario, necesitarás información de ingresos e impuestos de los dos últimos años.

FAFSA abre el primero de octubre y debe completarse anualmente mientras estés inscrito(a) en la universidad.

Algunas universidades también pueden exigir que completes un perfil CSS, el cuál es utilizado sólo por algunas universidades para obtener ayuda estatal e institucional (consulta la sección de recursos para obtener más información).

Miremos los diferentes tipos de ayuda:

> PRÉSTAMOS

Dinero prestado para la universidad; debes pagar el préstamo y el interés.

> BECAS & SUBVENCIONES

Ayuda financiera que no tiene que devolverse (a menos que, por ejemplo, te retires de la Universidad, ahí si debes renunciar el dinero).

> EMPLEO-ESTUDIO

Un programa de trabajo a través del cual ganas dinero para ayudar a pagar la universidad.

(Fuente: https://studentaid.gov)

OTRAS MANERAS DE PAGAR LA UNIVERSIDAD

¡CONSEJO!
Pregúntale a tu consejero de admisión sobre los requisitos para ser un RA (asistente residente)

1. **Reembolso de matrícula** – tu empleador actual puede ayudarte a cubrir una parte o la totalidad de tus gastos de educación.
2. **Trabajo a tiempo parcial** – ej. cuidado de niños, mesero en restaurante local, tutoría en escuela local.
3. **Inscríbete en clases de Colocación Avanzada** (AP, por sus siglas en inglés) en la escuela secundaria y realiza exámenes para evitar tomar algunos cursos universitarios.

GASTOS

Costo de asistencia: $ _______________________________

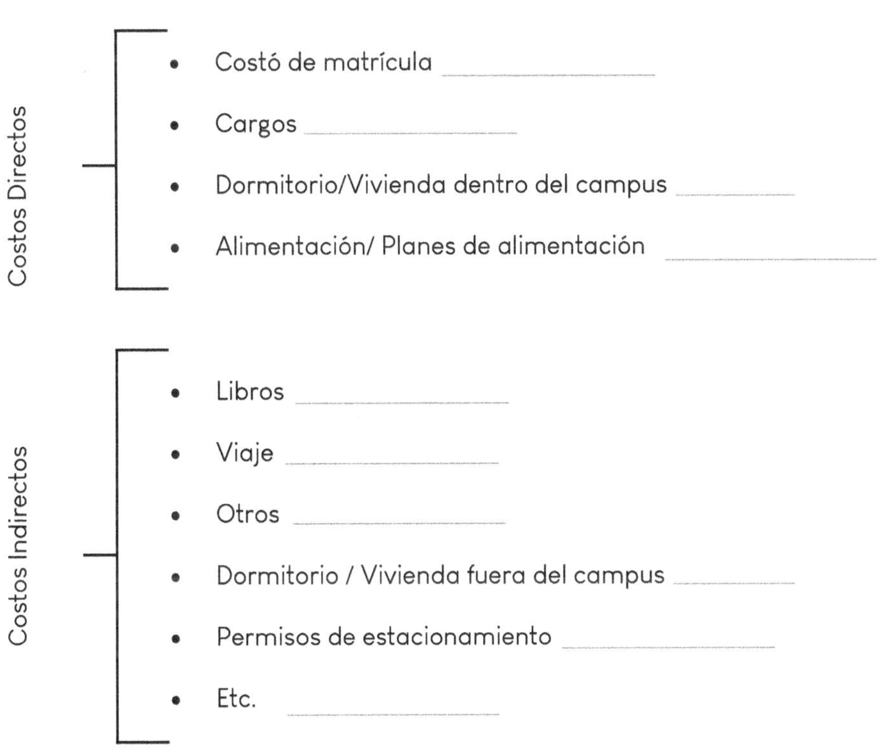

NOTAS

____

____

____

____

EL RECORRIDO + CONTACTOS

Absorbe todo y mantenlo organizado usando los recordatorios y las casillas de selección en las próximas páginas para evaluar tu visita al campus.

Intenta ver lo más posible en todo el campus y en los alrededores y califícalo en una escala de 1 a 5 (5 siendo lo mejor) para tener una buena idea del ambiente.

Además, asegúrate de anotar los nombres de las personas que conoces en el campus y de los compañeros en el recorrido. ¡Nunca subestimes el poder de una nueva conexión!

Si necesitas más espacio para tus notas, ¡recuerda usar las páginas de notas al final de esta sección de visita universitaria!

Visité...

- ☐ Centro estudiantil
- ☐ Comedor
- ☐ Librería
- ☐ Biblioteca
- ☐ Edificio académico
- ☐ Centro/Laboratorio de innovación

- ☐ Aula/sala de clases
- ☐ Centro de recreación/ gimnasio
- ☐ Dormitorios/residencias de estudiantes
- ☐ Centro de ex alumnos
- ☐ Edificio más antiguo
- ☐ Instalaciones deportivas

- ☐ Edificio más nuevo
- ☐ Atracciones locales de la ciudad
- ☐ Centro de salud/clínica
- ☐ Espacios de estudio
- ☐ Centro Profesional
- ☐ El mejor lugar para tomar una selfie

Un poco más sobre...

> Dormitorios/residencias de estudiantes

- ☐ Suite / individual / compartida
- ☐ Mixto / únicamente hombres / únicamente mujeres
- ☐ Requerimiento para vivir en campus: Sí / No
- ☐ Requisitos para visitas/Toque de queda: Sí / No
- ☐ Cargos de lavandería: Sí / No

> Seguridad

- ☐ Tarjeta de acceso
- ☐ Seguridad visible / Lámparas azules
- ☐ Aplicación móvil de seguridad
- ☐ Cursos de autodefensa
- ☐ Estacionamiento & acceso

Ahora, califiquemos... (en una escala de 1 a 5, 5 siendo lo mejor)

- _____ Belleza general del campus
- _____ Sensación de felicidad en general del campus
- _____ Zonas verdes/vegetación
- _____ Planes para el crecimiento futuro del campus
- _____ Áreas accesibles/ Áreas que cumplan con la ley ADA*
- _____ Campus Verde / Iniciativas de reciclaje
- _____ Servicios (Discapacidad, Centro de salud)

- _____ Clima
- _____ Tráfico: peatonal
- _____ Tráfico: vehicular
- _____ Nivel de ruido
- _____ Terreno del campus
- _____ Centro de Tutoría / Matemáticas / Escritura
- _____ Mi(s) guía(s) de recorrido

*La Ley sobre Estadounidenses con discapacidades (ADA, por sus siglas en inglés) garantiza el acceso al entorno construido para personas con discapacidades. Para más información dirígete a la sección de recursos.

ESPERA...

Tomate 30-60 segundos durante el recorrido para calmar tu mente, utiliza tus cinco sentidos para capturar el espacio a tu alrededor.

¿Qué hueles? ¿Qué escuchas? ¿Qué sientes? Etc.

Si quieres, cierra los ojos para enfocarte mejor.

Yo te espero.

Mi(s) guía(s) de recorrido:

Nombre ___________________   Nombre ___________________

✉ Correo electrónico   ✉ Correo electrónico
___________________   ___________________

@ Cuentas en redes sociales   @ Cuentas en redes sociales
___________________   ___________________

🎓 Se graduó en (año) _______   🎓 Se graduó en (año) _______

◎ Ciudad natal ___________   ◎ Ciudad natal ___________

🏛 Especialización universitaria   🏛 Especialización universitaria
___________________   ___________________

Mi consejero(a) de admisión:

Contacto de ayuda financiera:

👤 Nombre ___________   👤 Nombre ___________

✉ Correo electrónico   ✉ Correo electrónico
___________________   ___________________

Los estudiantes que conocí + quiero conocer mejor:

Nombre ___________________   Nombre ___________________

@ ___________________   @ ___________________

¿Recibiste tarjetas de presentación? Utiliza una grapadora o clip para salvarlas aquí:

LA EVALUACIÓN

Los indicadores en la siguiente página miden tu compromiso.

Dibuja una fiecha para expresar cómo te sientes (tu nivel de satisfacción), vacío o lleno, con respecto a cada categoría durante la sesión de información y el recorrido por el campus.

Por ejemplo, durante los momentos agradables o de entusiasmo y concentración intensa, puedes sentirte más comprometido, totalmente presente en el momento o lleno.

Se proporcionan tres categorías para ti, pero utiliza las dos en blanco para crear tus propias medidas de satisfacción.

Aquí hay un ejemplo:

Luego, utiliza el espacio de notas para refiexionar sobre tus sentimientos en cada categoría.

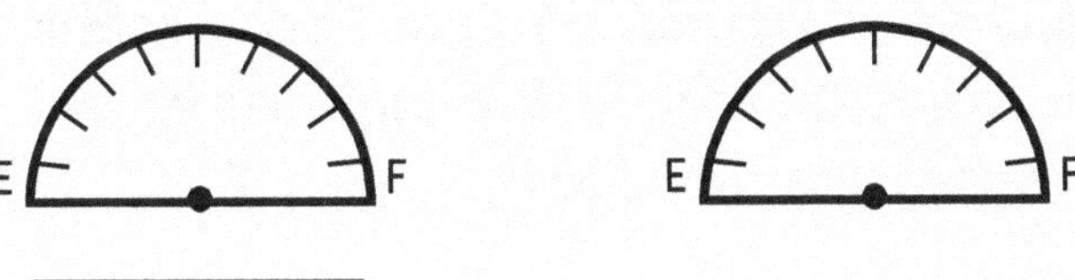

E   F
COMPROMETIDO(A)
E   F
ENTREGA DE
INFORMACIÓN
E   F
INSTALACIONES/
ESPACIO

E   F
E   F

NOTAS

HABLEMOS SOBRE LA GENTE

Usa el espacio en la siguiente página para refiexionar sobre las personas que ves y que conoces en el campus durante tu recorrido.

Toma notas sobre tus pensamientos.

Me impresionó:

Me preocupa:

Me gustaría tener más tiempo para hablar con:
¡Utiliza las muestras de escritura en la sección de recursos como una sugerencia!

Me gustaría aprender más sobre:
(Especialidades, pasantías, oportunidades de trabajo y estudio, excursiones nocturnas, etc.)

Profesores que conocí:

Administradores que conocí:

En general, los estudiantes en el campus parecen estar:

Alumnos destacados/famosos:

____

____

Exalumnos que conozco (familia, amigos, ex compañeros de clase, etc.):

____

____

Hoy aprendí:

____

____

RETO: ¡SALTE DE TU ZONA DE COMODIDAD!

"Rompe el hielo" con las personas que conoces haciendo preguntas como estas. ¡Usa las páginas de notas para anotar tus respuestas!

> ¿Cuál fue tu mayor desafío en la escuela? Podría estar relacionado con lo académico, social, extracurricular, carrera, etc.

> Si pudieras estudiar en el extranjero en cualquier parte del mundo, ¿a dónde irías?

> Si pudieras intercambiar lugares con cualquier persona por una semana, ¿con quién lo harías?

> ¿Qué es lo que más extrañarás de la escuela secundaria?

> ¿Qué es lo que más te emociona de la universidad?

> ¿Cómo defines la integridad?

> ¿Cuál es tu mayor logro?

> Si el tiempo y el dinero no fueran un obstáculo, ¿qué tipo de negocio tendrías?

SI QUIERES RECIBIR MÉRITO, PRIMERO APRENDE A ASUMIR RESPONSABILIDAD.

- TIM COOK, DIRECTOR GENERAL, APPLE

ORADOR DE CEREMONIA DE GRADUACIÓN – 2019
UNIVERSIDAD STANFORD

REFLEXIÓN PERSONAL

Completa esta sección DESPUÉS de tu visita al campus.

Ten en cuenta tus características, personalidad, talentos, requisitos indispensables y objetivos al completar las preguntas y las escalas en la página siguiente en lo que se refiere a esta visita universitaria.

Nombre de universidad:

¿Por qué estoy considerando esta universidad?

¿Qué ofrece esta universidad que realmente me interesa (académico y extracurricular)?

¿Cómo describirías la diversidad del campus?

Conociendo mis requisitos indispensables y deseables, ¿Cómo se compara esta universidad?

• • • • • • • • • • • • •

Usando la escala a continuación, indica tu nivel de acuerdo para cada categoría de "encaje".

Esta universidad encaja de manera realista...	Desacuerdo Total	Desacuerdo	Ni acuerdo ni desacuerdo	Acuerdo	Acuerdo Total
En lo académico:	○	○	○	○	○
En cuanto a la diversidad:	○	○	○	○	○
En lo social:	○	○	○	○	○
En lo financiero:	○	○	○	○	○
En lo atlético:	○	○	○	○	○
En lo general:	○	○	○	○	○

• • • • • • • • • • • • •

Próximos pasos para esta universidad:

☐ Comenzar aplicación

☐ Finalizar aplicación

☐ Mandar nota de agradecimiento

☐ Pedir más información

☐ Presentar solicitud FAFSA

☐ Enviar calificaciones de mitad de año

☐ Entrevistar a exalumnos

☐ Pagar depósito

☐ Pagar tarifa de aplicación

☐ Otros:

ESTADO & PROGRESO

Usa los 'círculos de estado' para evaluar tu progreso hacia cada entregable para tu aplicación a esta universidad. Una vez que completes un producto a entregar, escribe la fecha de finalización en el círculo "100%".

APLICACIÓN ⬭ ⬭ ⬭ ⬭ ⬭ ⬭ ⬭ ⬭ ⬭ ⬭ ⬭

10%　　　　50%　　　　100%　N/A

ENSAYO ⬭ ⬭ ⬭ ⬭ ⬭ ⬭ ⬭ ⬭ ⬭ ⬭ ⬭

10%　　　　50%　　　　100%　N/A

ENTREGA DE CALIFICACIÓN DE EXÁMEN ⬭ ⬭ ⬭ ⬭ ⬭ ⬭ ⬭ ⬭ ⬭ ⬭ ⬭

10%　　　　50%　　　　100%　N/A

RECOMENDACIONES DE MAESTROS ⬭ ⬭ ⬭ ⬭ ⬭ ⬭ ⬭ ⬭ ⬭ ⬭ ⬭

10%　　　　50%　　　　100%　N/A

RECOMENDACIONES DE CONSEJEROS ⬭ ⬭ ⬭ ⬭ ⬭ ⬭ ⬭ ⬭ ⬭ ⬭ ⬭

10%　　　　50%　　　　100%　N/A

PÁGINA DE SUPLEMENTO/ EXPRESIÓN DE INTERÉS ⬭ ⬭ ⬭ ⬭ ⬭ ⬭ ⬭ ⬭ ⬭ ⬭ ⬭

10%　　　　50%　　　　100%　N/A

SOLICITUD FAFSA ⬭ ⬭ ⬭ ⬭ ⬭ ⬭ ⬭ ⬭ ⬭ ⬭ ⬭

10%　　　　50%　　　　100%　N/A

SOLICITUD DE BECA #1 ⬭ ⬭ ⬭ ⬭ ⬭ ⬭ ⬭ ⬭ ⬭ ⬭ ⬭

10%　　　　50%　　　　100%　N/A

SOLICITUD DE BECA #2 ⬭ ⬭ ⬭ ⬭ ⬭ ⬭ ⬭ ⬭ ⬭ ⬭ ⬭

10%　　　　50%　　　　100%　N/A

_______________ ⬭ ⬭ ⬭ ⬭ ⬭ ⬭ ⬭ ⬭ ⬭ ⬭ ⬭

10%　　　　50%　　　　100%　N/A

GRANDES IDEAS & PENSAMIENTOS DESORDENADOS

Estas son páginas de apuntes. Úsalas como quieras: para notas, listas de tareas, diseñar, dibujar o programar quehaceres. Deja que te guíe la imaginación.

De curiosidad...

¿Cómo defines el éxito/triunfo? ¿Cómo lo define el diccionario? ¿Qué diferencias / similitudes ves entre las dos definiciones?

NOTAS

NOTAS

VISITA UNIVERSITARIA #7

Completa los detalles acerca de esta universidad utilizando la página web o folleto de información de la universidad, o pregúntale a un consejero de admisión.

La siguiente página contiene datos básicos sobre la universidad. Completa los espacios correspondientes y marca las palabras que mejor describan el instituto o universidad.

Completarás esta página para cada visita universitaria.

FECHA: ___/___/___

NOMBRE DE INSTITUTO/UNIVERSIDAD:

UBICACIÓN + LA CIUDAD GRANDE MÁS CERCANA:

AEROPUERTO MÁS CERCANO + ¿A CUANTAS MILLAS DE CASA?:

TIPO DE CAMPUS: *Marca una opción*

Rural | Suburbano | Urbano

CUENTAS EN REDES SOCIALES:

MASCOTA + COLORES DE LA ESCUELA:

POBLACIÓN ESTUDIANTIL:

MI ESPECIALIZACIÓN DESEADA/ AREA DE INTERÉS:

TIPO DE INSTITUCIÓN: *Marca una opción*

Pública | Privada

CATEGORÍA: *Marca con un círculo, si corresponde*

Universidad o Instituto Históricamente Negro (HBCU)

Universidad de Hombres | Universidad Tribal | 2-años

Universidad de Mujeres | Militar | Afiliación religiosa

Institución de Servicio a Hispanos (HSI)

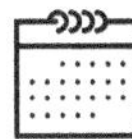

CALENDARIO ACADÉMICO: *Marca una opción*

Semestre | Tercio | Trimestre

SESIÓN INFORMATIVA

Esta sección es útil para cuando asistas a la sesión de información.

Probablemente aprenderás sobre:

- Los requisitos de admisión, incluyendo puntajes de exámenes y plazos importantes

- Información específica del campus, como historia, actividades en el campus y servicios de apoyo estudiantil

- Opciones de ayuda financiera y costos asociados con asistir a la universidad

Esta sesión puede ocurrir antes o después del recorrido por el campus.

PROMEDIOS + TASAS	
GPA	
SAT	
ACT	
Promedio de alumnos por clase	
Tasa de aceptación: *cuántos solicitantes fueron admitidos*	
Tasa de retención: *la cantidad de estudiantes de primer año que regresaron en el segundo año*	
Tasa de graduación: *cuántos estudiantes se gradúan en 6 años*	
Tasa de inserción laboral	

NOTAS + OTROS
REQUISITOS

PLAZOS IMPORTANTES + COSAS QUE DEBO SABER	
Plazo límite de admisión	
¿Admisión continua?	Sí	No
Admisión normal	
Acción temprana (no vinculante) *Los estudiantes reciben una respuesta temprana a su solicitud.*	
Decisión temprana (vinculante) *Requiere que el estudiante se matricule en la escuela admitida. Por lo general, no puedes retirar la solicitud.*	
Plazo límite para la solicitud de becas	
¿Se requiere solicitud de beca por separado?	Sí	No
Plazo normal	
Plazo para la presentación FAFSA	
Plazo de prioridad FAFSA ** FAFSA abre el primero de octubre*	
Fecha en que presenté mi FAFSA	

AYUDA FINANCIERA

Hay varias formas de pagar la universidad. La mayoría de las universidades requieren que la persona completé la Solicitud Gratuita de Ayuda Federal para Estudiantes (FAFSA, por sus siglas en inglés) (studentaid.gov/fafsa), la cuál ayuda a determinar cuánto dinero la familia tiene para pagar la universidad. Para completar el formulario, necesitarás información de ingresos e impuestos de los dos últimos años.

FAFSA abre el primero de octubre y debe completarse anualmente mientras estés inscrito(a) en la universidad.

Algunas universidades también pueden exigir que completes un perfil CSS, el cuál es utilizado sólo por algunas universidades para obtener ayuda estatal e institucional (consulta la sección de recursos para obtener más información).

Miremos los diferentes tipos de ayuda:

> PRÉSTAMOS

Dinero prestado para la universidad; debes pagar el préstamo y el interés.

> BECAS & SUBVENCIONES

Ayuda financiera que no tiene que devolverse (a menos que, por ejemplo, te retires de la Universidad, ahí si debes renunciar el dinero).

> EMPLEO-ESTUDIO

Un programa de trabajo a través del cual ganas dinero para ayudar a pagar la universidad.

(Fuente: https://studentaid.gov)

OTRAS MANERAS DE PAGAR LA UNIVERSIDAD

¡CONSEJO!
Pregúntale a tu consejero de admisión sobre los requisitos para ser un RA (asistente residente)

1. **Reembolso de matrícula** - tu empleador actual puede ayudarte a cubrir una parte o la totalidad de tus gastos de educación.
2. **Trabajo a tiempo parcial** - ej. cuidado de niños, mesero en restaurante local, tutoría en escuela local.
3. **Inscríbete en clases de Colocación Avanzada** (AP, por sus siglas en inglés) en la escuela secundaria y realiza exámenes para evitar tomar algunos cursos universitarios.

GASTOS

Costo de asistencia: $ _______________________________

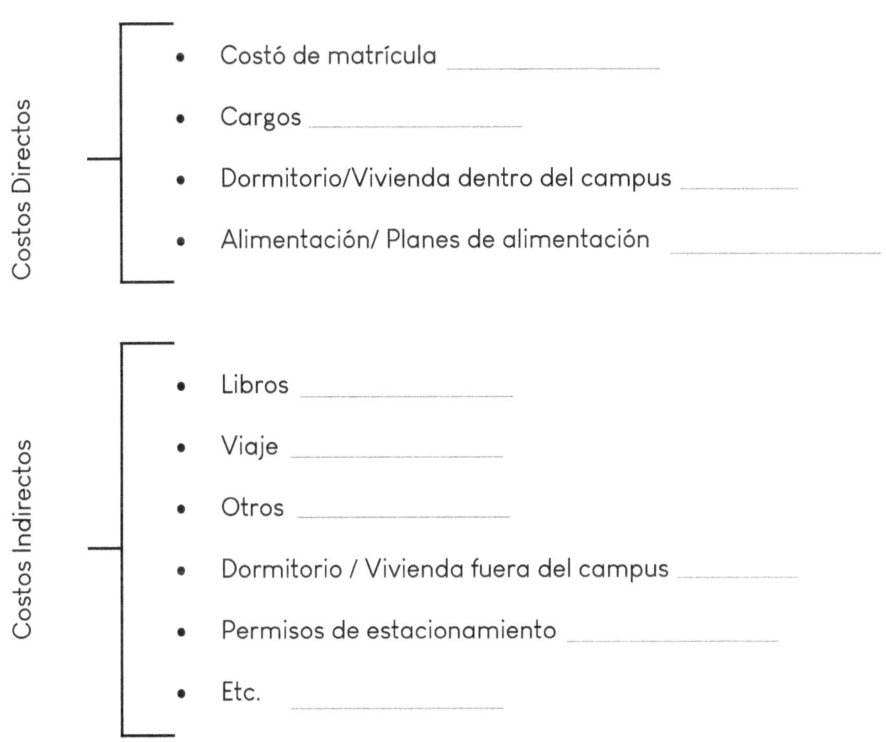

NOTAS

EL RECORRIDO + CONTACTOS

Absorbe todo y mantenlo organizado usando los recordatorios y las casillas de selección en las próximas páginas para evaluar tu visita al campus.

Intenta ver lo más posible en todo el campus y en los alrededores y califícalo en una escala de 1 a 5 (5 siendo lo mejor) para tener una buena idea del ambiente.

Además, asegúrate de anotar los nombres de las personas que conoces en el campus y de los compañeros en el recorrido. ¡Nunca subestimes el poder de una nueva conexión!

Si necesitas más espacio para tus notas, ¡recuerda usar las páginas de notas al final de esta sección de visita universitaria!

Visité...

- ☐ Centro estudiantil
- ☐ Comedor
- ☐ Librería
- ☐ Biblioteca
- ☐ Edificio académico
- ☐ Centro/Laboratorio de innovación

- ☐ Aula/sala de clases
- ☐ Centro de recreación/ gimnasio
- ☐ Dormitorios/residencias de estudiantes
- ☐ Centro de ex alumnos
- ☐ Edificio más antiguo
- ☐ Instalaciones deportivas

- ☐ Edificio más nuevo
- ☐ Atracciones locales de la ciudad
- ☐ Centro de salud/clínica
- ☐ Espacios de estudio
- ☐ Centro Profesional
- ☐ El mejor lugar para tomar una selfie

Un poco más sobre...

> Dormitorios/residencias de estudiantes

- ☐ Suite / individual / compartida
- ☐ Mixto / únicamente hombres / únicamente mujeres
- ☐ Requerimiento para vivir en campus: Sí / No
- ☐ Requisitos para visitas/Toque de queda: Sí / No
- ☐ Cargos de lavandería: Sí / No

> Seguridad

- ☐ Tarjeta de acceso
- ☐ Seguridad visible / Lámparas azules
- ☐ Aplicación móvil de seguridad
- ☐ Cursos de autodefensa
- ☐ Estacionamiento & acceso

Ahora, califiquemos... (en una escala de 1 a 5, 5 siendo lo mejor)

- _____ Belleza general del campus
- _____ Sensación de felicidad en general del campus
- _____ Zonas verdes/vegetación
- _____ Planes para el crecimiento futuro del campus
- _____ Áreas accesibles/ Áreas que cumplan con la ley ADA*
- _____ Campus Verde / Iniciativas de reciclaje
- _____ Servicios (Discapacidad, Centro de salud)

- _____ Clima
- _____ Tráfico: peatonal
- _____ Tráfico: vehicular
- _____ Nivel de ruido
- _____ Terreno del campus
- _____ Centro de Tutoría / Matemáticas / Escritura
- _____ Mi(s) guía(s) de recorrido

*La Ley sobre Estadounidenses con discapacidades (ADA, por sus siglas en inglés) garantiza el acceso al entorno construido para personas con discapacidades. Para más información dirígete a la sección de recursos.

ESPERA...

Tomate 30-60 segundos durante
el recorrido para calmar tu mente,
utiliza tus cinco sentidos para
capturar el espacio a tu alrededor.

¿Qué hueles? ¿Qué escuchas? ¿Qué
sientes? Etc.

Si quieres, cierra los ojos para
enfocarte mejor.

Yo te espero.

Mi(s) guía(s) de recorrido:

Nombre ___________________ Nombre ___________________

✉ Correo electrónico ✉ Correo electrónico

@ Cuentas en redes sociales @ Cuentas en redes sociales

🎓 Se graduó en (año) ______ 🎓 Se graduó en (año) ______

◎ Ciudad natal __________ ◎ Ciudad natal __________

Especialización universitaria Especialización universitaria

Mi consejero(a) de admisión:

A Nombre _______________

✉ Correo electrónico

Contacto de ayuda financiera:

A Nombre _______________

✉ Correo electrónico

Los estudiantes que conocí + quiero conocer mejor:

Nombre ___________________ Nombre ___________________

@ ___________________ @ ___________________

¿Recibiste tarjetas de presentación? Utiliza una grapadora o clip para salvarlas aquí:

LA EVALUACIÓN

Los indicadores en la siguiente página miden tu compromiso.

Dibuja una fiecha para expresar cómo te sientes (tu nivel de satisfacción), vacío o lleno, con respecto a cada categoría durante la sesión de información y el recorrido por el campus.

Por ejemplo, durante los momentos agradables o de entusiasmo y concentración intensa, puedes sentirte más comprometido, totalmente presente en el momento o lleno.

Se proporcionan tres categorías para ti, pero utiliza las dos en blanco para crear tus propias medidas de satisfacción.

Aquí hay un ejemplo:

Luego, utiliza el espacio de notas para refiexionar sobre tus sentimientos en cada categoría.

COMPROMETIDO(A)

ENTREGA DE
INFORMACIÓN

INSTALACIONES/
ESPACIO

NOTAS

HABLEMOS SOBRE LA GENTE

Usa el espacio en la siguiente página para refiexionar sobre las personas que ves y que conoces en el campus durante tu recorrido.

Toma notas sobre tus pensamientos.

Me impresionó:

Me preocupa:

Me gustaría tener más tiempo para hablar con:
¡Utiliza las muestras de escritura en la sección de recursos como una sugerencia!

Me gustaría aprender más sobre:
(Especialidades, pasantías, oportunidades de trabajo y estudio, excursiones nocturnas, etc.)

Profesores que conocí:

Administradores que conocí:

En general, los estudiantes en el campus parecen estar:

Alumnos destacados/famosos:

____

____

Exalumnos que conozco (familia, amigos, ex compañeros de clase, etc.):

____

____

Hoy aprendí:

____

____

RETO: ¡SALTE DE TU ZONA DE COMODIDAD!

"Rompe el hielo" con las personas que conoces haciendo preguntas como estas. ¡Usa las páginas de notas para anotar tus respuestas!

> ¿Cuál fue tu mayor desafío en la escuela? Podría estar relacionado con lo académico, social, extracurricular, carrera, etc.

> Si pudieras estudiar en el extranjero en cualquier parte del mundo, ¿a dónde irías?

> Si pudieras intercambiar lugares con cualquier persona por una semana, ¿con quién lo harías?

> ¿Qué es lo que más extrañarás de la escuela secundaria?

> ¿Qué es lo que más te emociona de la universidad?

> ¿Cómo defines la integridad?

> ¿Cuál es tu mayor logro?

> Si el tiempo y el dinero no fueran un obstáculo, ¿qué tipo de negocio tendrías?

MUCHAS VECES ES LA ADVERSIDAD QUE ENFRENTAS EN TU VIDA QUE TE DA LAS GRANDES IDEAS.

- KATHRINE SWITZER, LA PRIMERA MUJER EN CORRER EN EL MARATÓN DE BOSTON EN 1967

ORADORA DE CEREMONIA DE GRADUACIÓN - 2018
UNIVERSIDAD DE SIRACUSA

REFLEXIÓN PERSONAL

Completa esta sección DESPUÉS de tu visita al campus.

Ten en cuenta tus características, personalidad, talentos, requisitos indispensables y objetivos al completar las preguntas y las escalas en la página siguiente en lo que se refiere a esta visita universitaria.

Nombre de universidad:

¿Por qué estoy considerando esta universidad?

¿Qué ofrece esta universidad que realmente me interesa (académico y extracurricular)?

¿Cómo describirías la diversidad del campus?

Conociendo mis requisitos indispensables y deseables, ¿Cómo se compara esta universidad?

· · · · · · · · · · · · ·

Usando la escala a continuación, indica tu nivel de acuerdo para cada categoría de "encaje".

Esta universidad encaja de manera realista...	Desacuerdo Total	Desacuerdo	Ni acuerdo ni desacuerdo	Acuerdo	Acuerdo Total
En lo académico:	○	○	○	○	○
En cuanto a la diversidad:	○	○	○	○	○
En lo social:	○	○	○	○	○
En lo financiero:	○	○	○	○	○
En lo atlético:	○	○	○	○	○
En lo general:	○	○	○	○	○

· · · · · · · · · · · · ·

Próximos pasos para esta universidad:

- ☐ Comenzar aplicación
- ☐ Finalizar aplicación
- ☐ Mandar nota de agradecimiento
- ☐ Pedir más información
- ☐ Presentar solicitud FAFSA
- ☐ Enviar calificaciones de mitad de año
- ☐ Entrevistar a exalumnos
- ☐ Pagar depósito
- ☐ Pagar tarifa de aplicación
- ☐ Otros:

ESTADO & PROGRESO

Usa los 'círculos de estado' para evaluar tu progreso hacia cada entregable para tu aplicación a esta universidad. Una vez que completes un producto a entregar, escribe la fecha de finalización en el círculo "100%".

Nombre de universidad ________________________________

APLICACIÓN ○ ○ ○ ○ ○ ○ ○ ○ ○ ○ ○
10%   50%   100%   N/A

ENSAYO ○ ○ ○ ○ ○ ○ ○ ○ ○ ○ ○
10%   50%   100%   N/A

ENTREGA DE CALIFICACIÓN DE EXÁMEN ○ ○ ○ ○ ○ ○ ○ ○ ○ ○ ○
10%   50%   100%   N/A

RECOMENDACIONES DE MAESTROS ○ ○ ○ ○ ○ ○ ○ ○ ○ ○ ○
10%   50%   100%   N/A

RECOMENDACIONES DE CONSEJEROS ○ ○ ○ ○ ○ ○ ○ ○ ○ ○ ○
10%   50%   100%   N/A

PÁGINA DE SUPLEMENTO/ EXPRESIÓN DE INTERÉS ○ ○ ○ ○ ○ ○ ○ ○ ○ ○ ○
10%   50%   100%   N/A

SOLICITUD FAFSA ○ ○ ○ ○ ○ ○ ○ ○ ○ ○ ○
10%   50%   100%   N/A

SOLICITUD DE BECA #1 ○ ○ ○ ○ ○ ○ ○ ○ ○ ○ ○
10%   50%   100%   N/A

SOLICITUD DE BECA #2 ○ ○ ○ ○ ○ ○ ○ ○ ○ ○ ○
10%   50%   100%   N/A

________________ ○ ○ ○ ○ ○ ○ ○ ○ ○ ○ ○
10%   50%   100%   N/A

GRANDES IDEAS & PENSAMIENTOS DESORDENADOS

Estas son páginas de apuntes. Úsalas como quieras: para notas, listas de tareas, diseñar, dibujar o programar quehaceres. Deja que te guíe la imaginación.

De curiosidad...

¿Qué harías si ganaras mil millones de dólares en la lotería? ¡Sé específico!

NOTAS

NOTAS

¡ADELANTE!

VISITA UNIVERSITARIA #8

Completa los detalles acerca de esta universidad utilizando la página web o folleto de información de la universidad, o pregúntale a un consejero de admisión.

La siguiente página contiene datos básicos sobre la universidad. Completa los espacios correspondientes y marca las palabras que mejor describan el instituto o universidad.

Completarás esta página para cada visita universitaria.

NOMBRE DE INSTITUTO/UNIVERSIDAD:

 UBICACIÓN + LA CIUDAD GRANDE MÁS CERCANA:

AEROPUERTO MÁS CERCANO + ¿A CUANTAS MILLAS DE CASA?:

TIPO DE CAMPUS: *Marca una opción*

Rural | Suburbano | Urbano

 CUENTAS EN REDES SOCIALES:

 MASCOTA + COLORES DE LA ESCUELA:

 POBLACIÓN ESTUDIANTIL:

 MI ESPECIALIZACIÓN DESEADA/ AREA DE INTERÉS:

 TIPO DE INSTITUCIÓN: *Marca una opción*

Pública | Privada

CATEGORÍA: *Marca con un círculo, si corresponde*

Universidad o Instituto Históricamente Negro (HBCU)

Universidad de Hombres | Universidad Tribal | 2-años

Universidad de Mujeres | Militar | Afiliación religiosa

Institución de Servicio a Hispanos (HSI)

 CALENDARIO ACADÉMICO: *Marca una opción*

Semestre | Tercio | Trimestre

SESIÓN INFORMATIVA

Esta sección es útil para cuando asistas a la sesión de información.

Probablemente aprenderás sobre:

- Los requisitos de admisión, incluyendo puntajes de exámenes y plazos importantes

- Información específica del campus, como historia, actividades en el campus y servicios de apoyo estudiantil

- Opciones de ayuda financiera y costos asociados con asistir a la universidad

Esta sesión puede ocurrir antes o después del recorrido por el campus.

PROMEDIOS + TASAS	
GPA	
SAT	
ACT	
Promedio de alumnos por clase	
Tasa de aceptación: *cuántos solicitantes fueron admitidos*	
Tasa de retención: *la cantidad de estudiantes de primer año que regresaron en el segundo año*	
Tasa de graduación: *cuántos estudiantes se gradúan en 6 años*	
Tasa de inserción laboral	

NOTAS + OTROS REQUISITOS

PLAZOS IMPORTANTES + COSAS QUE DEBO SABER	
Plazo límite de admisión	
¿Admisión continua?	Sí I No
Admisión normal	
Acción temprana (no vinculante) *Los estudiantes reciben una respuesta temprana a su solicitud.*	
Decisión temprana (vinculante) *Requiere que el estudiante se matricule en la escuela admitida. Por lo general, no puedes retirar la solicitud.*	
Plazo límite para la solicitud de becas	
¿Se requiere solicitud de beca por separado?	Sí I No
Plazo normal	
Plazo para la presentación FAFSA	
Plazo de prioridad FAFSA *FAFSA abre el primero de octubre*	
Fecha en que presenté mi FAFSA	

AYUDA FINANCIERA

Hay varias formas de pagar la universidad. La mayoría de las universidades requieren que la persona completé la Solicitud Gratuita de Ayuda Federal para Estudiantes (FAFSA, por sus siglas en inglés) (studentaid.gov/fafsa), la cuál ayuda a determinar cuánto dinero la familia tiene para pagar la universidad. Para completar el formulario, necesitarás información de ingresos e impuestos de los dos últimos años.

FAFSA abre el primero de octubre y debe completarse anualmente mientras estés inscrito(a) en la universidad.

Algunas universidades también pueden exigir que completes un perfil CSS, el cuál es utilizado sólo por algunas universidades para obtener ayuda estatal e institucional (consulta la sección de recursos para obtener más información).

Miremos los diferentes tipos de ayuda:

> PRÉSTAMOS

Dinero prestado para la universidad; debes pagar el préstamo y el interés.

> BECAS & SUBVENCIONES

Ayuda financiera que no tiene que devolverse (a menos que, por ejemplo, te retires de la Universidad, ahí si debes renunciar el dinero).

> EMPLEO-ESTUDIO

Un programa de trabajo a través del cual ganas dinero para ayudar a pagar la universidad.

(Fuente: https://studentaid.gov)

OTRAS MANERAS DE PAGAR LA UNIVERSIDAD

¡CONSEJO!
Pregúntale a tu consejero de admisión sobre los requisitos para ser un RA (asistente residente)

1. **Reembolso de matrícula** - tu empleador actual puede ayudarte a cubrir una parte o la totalidad de tus gastos de educación.
2. **Trabajo a tiempo parcial** - ej. cuidado de niños, mesero en restaurante local, tutoría en escuela local.
3. **Inscríbete en clases de Colocación Avanzada** (AP, por sus siglas en inglés) en la escuela secundaria y realiza exámenes para evitar tomar algunos cursos universitarios.

GASTOS

Costo de asistencia: $ ______________________________

Costos Directos
- Costó de matrícula ______________
- Cargos ______________
- Dormitorio/Vivienda dentro del campus ______________
- Alimentación/ Planes de alimentación ______________

Costos Indirectos
- Libros ______________
- Viaje ______________
- Otros ______________
- Dormitorio / Vivienda fuera del campus ______________
- Permisos de estacionamiento ______________
- Etc. ______________

NOTAS

____

____

____

____

EL RECORRIDO + CONTACTOS

Absorbe todo y mantenlo organizado usando los recordatorios y las casillas de selección en las próximas páginas para evaluar tu visita al campus.

Intenta ver lo más posible en todo el campus y en los alrededores y califícalo en una escala de 1 a 5 (5 siendo lo mejor) para tener una buena idea del ambiente.

Además, asegúrate de anotar los nombres de las personas que conoces en el campus y de los compañeros en el recorrido. ¡Nunca subestimes el poder de una nueva conexión!

Si necesitas más espacio para tus notas, ¡recuerda usar las páginas de notas al final de esta sección de visita universitaria!

Visité...

☐ Centro estudiantil

☐ Comedor

☐ Librería

☐ Biblioteca

☐ Edificio académico

☐ Centro/Laboratorio de innovación

☐ Aula/sala de clases

☐ Centro de recreación/ gimnasio

☐ Dormitorios/residencias de estudiantes

☐ Centro de ex alumnos

☐ Edificio más antiguo

☐ Instalaciones deportivas

☐ Edificio más nuevo

☐ Atracciones locales de la ciudad

☐ Centro de salud/clínica

☐ Espacios de estudio

☐ Centro Profesional

☐ El mejor lugar para tomar una selfie

Un poco más sobre...

> Dormitorios/residencias de estudiantes

☐ Suite / individual / compartida

☐ Mixto / únicamente hombres / únicamente mujeres

☐ Requerimiento para vivir en campus: Sí / No

☐ Requisitos para visitas/Toque de queda: Sí / No

☐ Cargos de lavandería: Sí / No

> Seguridad

☐ Tarjeta de acceso

☐ Seguridad visible / Lámparas azules

☐ Aplicación móvil de seguridad

☐ Cursos de autodefensa

☐ Estacionamiento & acceso

Ahora, califiquemos... (en una escala de 1 a 5, 5 siendo lo mejor)

_____ Belleza general del campus

_____ Sensación de felicidad en general del campus

_____ Zonas verdes/vegetación

_____ Planes para el crecimiento futuro del campus

_____ Áreas accesibles/ Áreas que cumplan con la ley ADA*

_____ Campus Verde / Iniciativas de reciclaje

_____ Servicios (Discapacidad, Centro de salud)

_____ Clima

_____ Tráfico: peatonal

_____ Tráfico: vehicular

_____ Nivel de ruido

_____ Terreno del campus

_____ Centro de Tutoría / Matemáticas / Escritura

_____ Mi(s) guía(s) de recorrido

*La Ley sobre Estadounidenses con discapacidades (ADA, por sus siglas en inglés) garantiza el acceso al entorno construido para personas con discapacidades. Para más información dirígete a la sección de recursos.

ESPERA...

Tomate 30-60 segundos durante el recorrido para calmar tu mente, utiliza tus cinco sentidos para capturar el espacio a tu alrededor.

¿Qué hueles? ¿Qué escuchas? ¿Qué sientes? Etc.

Si quieres, cierra los ojos para enfocarte mejor.

Yo te espero.

Mi(s) guía(s) de recorrido:

Nombre _______________________   Nombre _______________________

✉ Correo electrónico   ✉ Correo electrónico

@ Cuentas en redes sociales   @ Cuentas en redes sociales

🎓 Se graduó en (año)   🎓 Se graduó en (año)

◎ Ciudad natal   ◎ Ciudad natal

📚 Especialización universitaria   📚 Especialización universitaria

Mi consejero(a) de admisión:

🧑 Nombre _______________________

✉ Correo electrónico

Contacto de ayuda financiera:

🧑 Nombre _______________________

✉ Correo electrónico

Los estudiantes que conocí + quiero conocer mejor:

Nombre _______________________   Nombre _______________________

@ _______________________   @ _______________________

¿Recibiste tarjetas de presentación? Utiliza una grapadora o clip para salvarlas aquí:

LA EVALUACIÓN

Los indicadores en la siguiente página miden tu compromiso.

Dibuja una fiecha para expresar cómo te sientes (tu nivel de satisfacción), vacío o lleno, con respecto a cada categoría durante la sesión de información y el recorrido por el campus.

Por ejemplo, durante los momentos agradables o de entusiasmo y concentración intensa, puedes sentirte más comprometido, totalmente presente en el momento o lleno.

Se proporcionan tres categorías para ti, pero utiliza las dos en blanco para crear tus propias medidas de satisfacción.

Aquí hay un ejemplo:

Luego, utiliza el espacio de notas para refiexionar sobre tus sentimientos en cada categoría.

COMPROMETIDO(A)

ENTREGA DE
INFORMACIÓN

INSTALACIONES/
ESPACIO

NOTAS

HABLEMOS SOBRE LA GENTE

Usa el espacio en la siguiente página para refiexionar sobre las personas que ves y que conoces en el campus durante tu recorrido.

Toma notas sobre tus pensamientos.

Me impresionó:

Me preocupa:

Me gustaría tener más tiempo para hablar con:
¡Utiliza las muestras de escritura en la sección de recursos como una sugerencia!

Me gustaría aprender más sobre:
(Especialidades, pasantías, oportunidades de trabajo y estudio, excursiones nocturnas, etc.)

Profesores que conocí:

Administradores que conocí:

En general, los estudiantes en el campus parecen estar:

Alumnos destacados/famosos:

Exalumnos que conozco (familia, amigos, ex compañeros de clase, etc.):

Hoy aprendí:

RETO: ¡SALTE DE TU ZONA DE COMODIDAD!

"Rompe el hielo" con las personas que conoces haciendo preguntas como estas. ¡Usa las páginas de notas para anotar tus respuestas!

> ¿Cuál fue tu mayor desafío en la escuela? Podría estar relacionado con lo académico, social, extracurricular, carrera, etc.

> Si pudieras estudiar en el extranjero en cualquier parte del mundo, ¿a dónde irías?

> Si pudieras intercambiar lugares con cualquier persona por una semana, ¿con quién lo harías?

> ¿Qué es lo que más extrañarás de la escuela secundaria?

> ¿Qué es lo que más te emociona de la universidad?

> ¿Cómo defines la integridad?

> ¿Cuál es tu mayor logro?

> Si el tiempo y el dinero no fueran un obstáculo, ¿qué tipo de negocio tendrías?

Y FINALMENTE, ESTO: ESTO TE SALVARÁ. DEJA DE COMPARARTE CON OTRAS PERSONAS. ESTÁS EN ESTE PLANETA PARA SER TI MISMO(A), NO UNA IMITACIÓN DE TI POR PARTE DE OTRO(A)...TU CAMINO DE VIDA SE TRATA DE VOLVERTE MÁS CONSCIENTE DE QUIEN ERES Y REALIZAR LA EXPRESIÓN MÁS ALTA Y VERDADERA DE TI MISMO(A) COMO SER HUMANO. POR ESO ESTÁS AQUÍ. LO HARÁS A TRAVÉS DE TU TRABAJO Y TU ARTE, A TRAVÉS DE TUS RELACIONES Y AMOR.

**- OPRAH WINFREY,
PIONERA DE LA TELEVISIÓN + ACTRIZ +
EJECUTIVA DE MEDIOS Y FILÁNTROPA**

ORADORA DE CEREMONIA DE GRADUACIÓN - 2018
UNIVERSIDAD DEL SUR DE CALIFORNIA
ANNENBERG SCHOOL PARA LA COMUNICACIÓN Y PERIODISMO

REFLEXIÓN PERSONAL

Completa esta sección DESPUÉS de tu visita al campus.

Ten en cuenta tus características, personalidad, talentos, requisitos indispensables y objetivos al completar las preguntas y las escalas en la página siguiente en lo que se refiere a esta visita universitaria.

Nombre de universidad:

¿Por qué estoy considerando esta universidad?

¿Qué ofrece esta universidad que realmente me interesa (académico y extracurricular)?

¿Cómo describirías la diversidad del campus?

Conociendo mis requisitos indispensables y deseables, ¿Cómo se compara esta universidad?

· · · · · · · · · · · ·

Usando la escala a continuación, indica tu nivel de acuerdo para cada categoría de "encaje".

Esta universidad encaja de manera realista...	Desacuerdo Total	Desacuerdo	Ni acuerdo ni desacuerdo	Acuerdo	Acuerdo Total
En lo académico:	◯	◯	◯	◯	◯
En cuanto a la diversidad:	◯	◯	◯	◯	◯
En lo social:	◯	◯	◯	◯	◯
En lo financiero:	◯	◯	◯	◯	◯
En lo atlético:	◯	◯	◯	◯	◯
En lo general:	◯	◯	◯	◯	◯

· · · · · · · · · · · ·

Próximos pasos para esta universidad:

☐ Comenzar aplicación
☐ Finalizar aplicación
☐ Mandar nota de agradecimiento

☐ Pedir más información
☐ Presentar solicitud FAFSA
☐ Enviar calificaciones de mitad de año

☐ Entrevistar a exalumnos
☐ Pagar depósito
☐ Pagar tarifa de aplicación
☐ Otros:

ESTADO & PROGRESO

Usa los 'círculos de estado' para evaluar tu progreso hacia cada entregable para tu aplicación a esta universidad. Una vez que completes un producto a entregar, escribe la fecha de finalización en el círculo "100%".

Nombre de universidad ___________________________________

APLICACIÓN ◯ ◯ ◯ ◯ ◯ ◯ ◯ ◯ ◯ ◯ ◯

10%　　　　50%　　　　100%　N/A

ENSAYO ◯ ◯ ◯ ◯ ◯ ◯ ◯ ◯ ◯ ◯ ◯

10%　　　　50%　　　　100%　N/A

ENTREGA DE CALIFICACIÓN DE EXÁMEN ◯ ◯ ◯ ◯ ◯ ◯ ◯ ◯ ◯ ◯ ◯

10%　　　　50%　　　　100%　N/A

RECOMENDACIONES DE MAESTROS ◯ ◯ ◯ ◯ ◯ ◯ ◯ ◯ ◯ ◯ ◯

10%　　　　50%　　　　100%　N/A

RECOMENDACIONES DE CONSEJEROS ◯ ◯ ◯ ◯ ◯ ◯ ◯ ◯ ◯ ◯ ◯

10%　　　　50%　　　　100%　N/A

PÁGINA DE SUPLEMENTO/ EXPRESIÓN DE INTERÉS ◯ ◯ ◯ ◯ ◯ ◯ ◯ ◯ ◯ ◯ ◯

10%　　　　50%　　　　100%　N/A

SOLICITUD FAFSA ◯ ◯ ◯ ◯ ◯ ◯ ◯ ◯ ◯ ◯ ◯

10%　　　　50%　　　　100%　N/A

SOLICITUD DE BECA #1 ◯ ◯ ◯ ◯ ◯ ◯ ◯ ◯ ◯ ◯ ◯

10%　　　　50%　　　　100%　N/A

SOLICITUD DE BECA #2 ◯ ◯ ◯ ◯ ◯ ◯ ◯ ◯ ◯ ◯ ◯

10%　　　　50%　　　　100%　N/A

_______________ ◯ ◯ ◯ ◯ ◯ ◯ ◯ ◯ ◯ ◯ ◯

10%　　　　50%　　　　100%　N/A

GRANDES IDEAS & PENSAMIENTOS DESORDENADOS

Estas son páginas de apuntes. Úsalas como quieras: para notas, listas de tareas, diseñar, dibujar o programar quehaceres. Deja que te guíe la imaginación.

De curiosidad...

¿Qué esperas lograr mientras estás en la universidad? Proponte todas las metas que se te ocurran.

NOTAS

NOTAS

RECURSOS

Has llegado a uno de los lugares más útiles durante el proceso de búsqueda de universidad. En las próximas páginas, encontrarás los siguientes recursos:

- Puntos de partida para la ayuda financiera
- Recursos para becas
- Páginas web de clasificaciones de universidades
- Muestras de escritura a utilizar para comunicarse con personal universitario
- Términos clave comúnmente usados

PÁGINAS WEB ÚTILES

Ayuda financiera para estudiantes

FAFSA (Solicitud Gratuita de Ayuda Federal para Estudiantes)

- https://studentaid.gov/

Perfil CSS

- https://cssprofile.collegeboard.org/

Becas

- Ayuda Federal Para Estudiantes: https://bit.ly/HowFinancialAidWorks
- Fastweb: www.fastweb.com
- Educación USA: http://bit.ly/EdUSAFinAid
- Consejo de universidades (College Board): http://bit.ly/CBAidSearch
- Fondo Negro de Unidad de Colegios Universitarios (UNCF, United Negro
- College Fund): https://www.uncf.org/
- Fondo Hispano de Becas (HSF, Hispanic School Fund): https://www.hsf.net/
- Becas A-Z: http://www.scholarshipsaz.org/scholarships/
- Fondo de Becas para estadounidenses de ascendencia asiática y de las islas del pacifico: https://apiascholars.org/
- Centro de estudios para indígenas estadounidenses: https://www.aigcs.org/scholarships-fellowships/
- Pregúntale a tu consejero o asesor sobre oportunidades para becas locales.
- Consulta con iglesias, organizaciones profesionales, grupos de interés y de afinidad,

Clasificaciones de universidades e información

- Informe de noticias de EE. UU y del mundo (U.S. News and World Report): https://www.usnews.com/education
- Navegador de universidades (College Navigator): https://nces.ed.gov/collegenavigator/
- Tarjeta de puntaje de universidades (College Scorecard): https://collegescorecard.ed.gov/
- Intuición universitaria (College Hunch): https://www.collegehunch.com/

Recursos de preparación para exámenes

- Busca en tu biblioteca local para libros y guías adicionales.
- ACT: Act.org
- SAT: collegereadiness.collegeboard.org/sat
- ACT Preparación para exámenes gratuita: https://bit.ly/ACTTestOverview
- SAT Preparación para exámenes gratuita: https://www.khanacademy.org/test-prep/sat

Recursos para un recorrido virtual por el campus

- SCOIR: https://www.scoir.com/
- Tu visita (You Visit): https://www.youvisit.com/collegesearch

Otros recursos

- Red nacional de logros universitarios (NCAN, National College Attainment Network) http://bit.ly/NCANwebsites

MUESTRAS DE ESCRITURA

Usa el texto a continuación como guía para enviar los siguientes tipos de correos electrónicos:

* Nota de agradecimiento
* Solicitud de reunión con un profesor, decano o entrenador
* Solicitud para asistir una clase universitaria

Nota de agradecimiento

Estimado(a) _____,

Me gustaría agradecerle por _____. Me alegra haber tenido la oportunidad de _____ (verbo + sustantivo). Una cosa que realmente me llamó la atención fue _____. Ahora que hemos [hablado / nos hemos conocido / etc.], tengo planes de _____. Le mantendré al tanto de mi trayecto. Gracias de nuevo por su tiempo, y espero que nuestros caminos vuelvan a cruzar en un futuro.

Saludos cordiales,
[Aquí tu nombre]
[Datos de contacto] (teléfono, correo electrónico, página web, etc.) (Opcional)

Solicitud de reunión con un profesor, decano o entrenador

Estimado(a) [Nombre de consejero(a) de admisión aquí],

Estoy programado(a) para visitar [nombre de la universidad o campus aquí] el [fecha] a las [hora] y me gustaría saber si sería posible reunirme con [nombre de profesor / decano / entrenador, etc. aquí] del [departamento / área / escuela / equipo atlético]. Estoy muy interesado(a) en [nombre del programa / deporte / área de estudio / etc.] y [tengo algunas preguntas sobre _____] o [quisiera explorar posibles oportunidades de_____] con [él, ella, ellos].

¿Podría usted facilitar [u organizar] una reunión de 15 minutos con [él, ella, ellos] de parte de mi?

Saludos cordiales,
[Aquí tu nombre]
[Datos de contacto] (teléfono, correo electrónico, página web, etc.) (Opcional)

Solicitud para asistir una clase universitaria

Estimado(a) [Nombre de consejero(a) de admisión aquí],

Estoy programado(a) para visitar [nombre de la universidad o campus aquí] el [fecha] a las [hora] y me gustaría asistir a una clase universitaria durante mi visita. Estoy interesado(a) en asistir a una clase del [departamento / área / escuela] si fuese posible mientras que estoy en el campus. ¿Me podría proporcionar información adicional sobre las clases disponibles y las alternativas si las clases que deseo no están disponibles?

Saludos cordiales,
[Aquí tu nombre]
[Datos de contacto] (teléfono, correo electrónico, página web, etc.) (Opcional)

TÉRMINOS CLAVE

Visita **bit.ly/FinAidGlossary** para más términos clave

ADA (La Ley sobre Estadounidenses con discapacidades, ('Americans with Disabilities Act')

- Los estándares ADA garantizan el acceso al entorno construido para personas con discapacidades. Establecen requisitos de diseño para la construcción y modificación de instalaciones sujetas a la ley. Fuente: https://www.access-board.gov/

COA (Costo de asistencia)

- El costo de asistir a la universidad.

Perfil CSS

- Un formulario de ayuda financiera basado en la web que es requerido principalmente por las universidades privadas. Se cobran tarifas de procesamiento, por lo que sólo las universidades que requieren el perfil deben recibirlo.

Acción temprana (no vinculante)

- Los estudiantes reciben una respuesta temprana a su solicitud por lo general al final del año calendario (noviembre o diciembre).

Decisión temprana (vinculante)

- Te comprometes a asistir a esta universidad. Cuando presentas tu aplicación y recibes una decisión temprana, aceptas a asistir a esa universidad y debes retirar todas las demás solicitudes. En general, no podrás cambiar de opinión una vez que te hayas comprometido.

EFC (Contribución familiar esperada, 'Expected Family Contribution')

- Contribución familiar esperada. Esto se calcula al enviar tu FAFSA. La Contribución familiar esperada muestra cuánto tu familia puede contribuir para pagar la matrícula universitaria del año.

'Gap' (Brecha)

- El gasto de desembolso después de que se haya otorgado la ayuda financiera. Por ejemplo, si debes $10,000 en matrícula y cargos para el año universitario y recibes $6,000 en ayuda financiera, los $4,000 restantes es el monto que pagas de tu propio bolsillo y se conoce como la 'brecha'.

Prueba opcional

- Es también conocido como prueba flexible. Cada vez un número mayor de universidades le están quitando el énfasis al uso de pruebas estandarizadas para tomar decisiones de admisión. No están usando los puntajes de ACT o SAT para las decisiones de todos o muchos graduados recientes de la escuela secundaria. Para obtener una lista actualizada de universidades e institutos donde los exámenes son opcionales, visita http://fairtest.org/university/optional

Verificación

- El proceso que utiliza una universidad para confirmar que los datos informados en tu FAFSA son precisos.